TÚ ERES
UN
TEÓLOGO

JEN WILKIN
& J. T. ENGLISH

TÚ ERES UN TEÓLOGO

UNA INVITACIÓN PARA CONOCER Y AMAR PLENAMENTE A DIOS

B&H PUBLISHING
BRENTWOOD, TENNESSEE

Tú eres un teólogo: Una invitación para conocer
y amar plenamente a Dios

B&H Publishing Group
Brentwood TN, 37027

Diseño de portada: Darren Welch Design

Clasificación: 230
Clasifíquese: TEOLOGÍA \ TEOLOGÍA DOCTRINAL\ DIOS

ISBN: 978-1-4300-9580-4

Impreso en EE. UU.
1 2 3 4 5 * 27 26 25 24

Contenido

INTRODUCCIÓN

Lo que una generación olvidó

Este libro existe para atender la parte de la Gran Comisión que una generación de líderes de la iglesia olvidó. Cuando pensamos en el mandato de Jesús en Mateo 28, de ir y hacer discípulos, tendemos a colocarlo en la categoría de evangelismo. Nos imaginamos a los discípulos de Jesús esparciéndose por todo el mundo conocido equipados con textos del evangelio o con un diagrama hecho a mano mostrando la brecha del pecado que nos separa de Dios, y una cruz para cubrir esa brecha. Imaginamos conversiones que producen gozo seguidas de bautismos dichosos. Luego nos imaginamos a esos evangelistas yendo a la siguiente ciudad, llevando el evangelio desde Jerusalén a Judea y hasta los confines de la tierra.

Pero si nuestra comprensión de la Gran Comisión es principalmente un llamado al evangelismo, hemos olvidado una pieza clave de lo que eso requiere:

> Vayan, pues, y hagan discípulos de todas las naciones, bautizándolos en el nombre del Padre y del Hijo y del Espíritu Santo, *enseñándoles a guardar todo lo que les he mandado.* (Mt. 28:19-20, énfasis añadido)

El mandato final de Jesús no es un llamado a hacer conversos, sino un llamado a hacer discípulos y como dice la Gran Comisión, ese llamado requerirá que enseñemos a los conversos a *guardar todo lo que ha sido ordenado*. Podría decirse que no tenemos poder para hacer conversos. ¿Pero hacer discípulos? Según Jesús, debemos reproducirnos a nosotros mismos transmitiendo el buen fundamento que nos fue dado.

En cierto sentido, la Gran Comisión no suena nueva cuando la escuchamos de los labios de Jesús, sino que es muy parecida a la afirmación de David de que «una generación alabará Tus obras a *otra* generación, y anunciará Tus hechos poderosos» (Sal. 145:4). Se parece mucho a la exhortación de Moisés a Israel:

> Estos son los mandamientos, estatutos y leyes que el SEÑOR tu Dios mandó que yo te enseñara para que los pongas en práctica en la tierra de la que vas a tomar posesión. De esta manera, durante toda la vida, tú, tus hijos y tus nietos temerán al SEÑOR tu Dios, cumpliendo todos los estatutos y mandamientos

> que te doy; así disfrutarán de larga vida [...]. Grábate en el corazón estas palabras que hoy te mando. Incúlcaselas continuamente a tus hijos. Háblales de ellas cuando estés en tu casa y cuando vayas por el camino, cuando te acuestes y cuando te levantes. Átalas a tus manos como un signo, llévalas en tu frente como una marca y escríbelas en los postes de tu casa y en los portones de tus ciudades. (Dt. 6:1-2, 6-9 NVI, énfasis añadido)

Un discípulo es un aprendiz. En la Gran Comisión, como en Deuteronomio 6, aquellos que son más maduros en la fe están llamados a enseñar a los que son menos maduros, entrenándolos en las creencias centrales de la fe. El discipulado es tanto una habilidad como una disciplina (como lo indica el término *discípulo*), que requiere esfuerzo y compromiso, así como todas las habilidades que valen la pena.

La conversión ocurre en un instante. El discipulado, por otra parte, es el trabajo de toda una vida que implica la transmisión de una fe ancestral de una generación a otra.

Entonces, ¿cómo vamos con esto?

Según la mayoría de los indicadores, no muy bien. En 2022, *Lifeway Research* y *Ministerios Ligonier* se asociaron para publicar un informe sobre la situación de la teología en la iglesia. Se encuestó tanto a cristianos como a no cristianos sobre lo que entendían de la teología cristiana básica, las creencias esenciales que definen quién es cristiano y quién no. Los resultados entre los no cristianos fueron predeciblemente sombríos, pero son los resultados entre los cristianos profesantes los que son particularmente alarmantes. Analicemos solo algunos de los hallazgos:

- Dios aprende y se adapta a diferentes circunstancias: el **48%** de los evangélicos está de acuerdo.
- Todos nacen inocentes ante los ojos de Dios: el **65%** de los evangélicos está de acuerdo.
- Dios acepta la adoración de todas las religiones, incluyendo el cristianismo, el judaísmo y el islam: el **56%** de los evangélicos está de acuerdo.
- Jesús fue un gran maestro, pero no era Dios: el **43%** de los evangélicos está de acuerdo (en comparación al 30% en 2020).[1]

Analicemos esta información. Un número alarmante de cristianos profesantes no entienden ni se adhieren a las creencias más básicas de la fe en la que están basando sus vidas. Carecen de comprensión teológica básica y las tendencias muestran que la brecha de conocimiento no está mejorando, sino empeorando. Parece ser que una generación ha fallado en comunicarle a la siguiente. Parece ser que hemos hecho conversos, pero no discípulos.

¿Cómo hemos llegado hasta aquí? Si un discípulo es un aprendiz, un discipulador es un maestro. Pero no podemos enseñar lo que a nosotros mismos nunca se nos ha enseñado. No podemos transmitir a otra generación lo que no nos ha sido transmitido. No aspiraremos a enseñarle a alguien más las creencias básicas de nuestra fe si no nos consideramos primeramente discipuladores. Debemos aprender a pensar de nosotros mismos desde un ángulo diferente. No debemos vernos a nosotros mismos tan solo como evangelistas o como mentores o como participantes ocasionales en un sistema de creencias. Debemos vernos a nosotros mismos como teólogos.

La historia de J. T.

Nunca olvidaré mi primera clase de teología en el seminario. No puedo ni expresarles lo intimidado que estaba. No solo no era un gran estudiante (me aceptaron en la universidad con matrícula condicional), sino que ahora estaba entrando en un campo de estudio del que no sabía nada. No crecí en la iglesia, y es por eso que temas como la Biblia, la teología y la historia de la iglesia parecían ser para cristianos superespirituales. No me malinterpreten; ciertamente quería crecer, por eso fui allí, pero todavía no sabía si era mi lugar.

Veía la teología tan solo como libros viejos con muchas notas a pie de página y palabras que tenía que buscar.

Cuando me senté en esa primera clase, se cruzaron por mi cabeza todo tipo de preguntas: *¿Soy lo suficientemente inteligente como para hacer esto? ¿El material será superior a mis capacidades? ¿Saldré avergonzado de este lugar? ¿Debería estar invirtiendo tiempo y recursos en algo de lo que no sé nada?* Cada pregunta se centraba en esta idea: *¿Pertenezco a este lugar?*

Me sentí fuera de lugar. En el aula, había cerca de cien estudiantes muy entusiasmados. Desde mi perspectiva, todos parecían estar muy confiados, muy deseosos, muy preparados y emocionados de estar allí. Cuando me senté en la parte de atrás de la clase, los pensamientos de insuficiencia se me acumularon. *¿Es posible que Dios solo quiera que yo tenga una fe simple y deje la teología para los expertos? Después de todo, Pedro y Juan eran discípulos comunes y sin educación, pero la gente sabía que eran seguidores de Jesús (Hch. 4:13). Me conformaría con esa descripción de mí: inculto, ordinario, pero con Jesús.*

En ese momento, el profesor entró en el aula.

El alboroto, que una vez llenó la habitación, rápidamente se silenció. Su presencia traía consigo una sensación de seriedad que coincidía con su formación académica acreditada en extremo. Se presentó mostrándonos fotos de su familia y hablando de sus intereses y pasatiempos. Rápidamente empezamos a leer el programa de estudios mientras él comentaba los diversos ensayos que escribiríamos, los libros que leeríamos, un proyecto grupal y las expectativas que tenía de nosotros.

Para decirlo sin rodeos, estaba listo para irme de ahí. *No puedo hacer esto*, pensé. Una cosa es estar impactado por el programa de estudios, pero otra cosa es estar impactado por un programa de estudios que tiene como tema a Dios mismo. En lugar de irme, decidí tan solo dejar que la clase terminara para no llamar la atención.

Después de que terminamos de revisar el programa, el profesor tomó un marcador de pizarra azul y se acercó a ella. Lentamente escribió una palabra en la pizarra: *teología*. Se dio la vuelta y pidió definir el término. Algunos valientes empezaron a responder. Un estudiante dijo: «El estudio de la Biblia». Otro estudiante dijo: «Historia del cristianismo». Uno más propuso: «Un estudio de la verdad».

Después de varios intentos más, el profesor trazó una línea vertical a través de la palabra *teología*, algo así: teo | logía. Luego dijo: «La teología es tan solo palabras sobre Dios».

Esa parecía una definición demasiado simple. ¿La teología es solo palabras sobre Dios? Tiene que ser más que eso, ¿verdad? Él empezó a enseñarnos que el término griego para Dios es *theos* y el término griego para palabra es *logos*. Por tanto, *theos* + *logos* = teología o palabras sobre Dios.

Luego preguntó: «¿Quién tiene palabras sobre Dios?» Al igual que antes, algunos valientes empezaron a responder. Un estudiante dijo: «Los pastores y los líderes ministeriales». Otro estudiante dijo: «Los profesores y los académicos». El profesor pareció asentir con la cabeza, pero luego dijo: «¿Quién más?».

La habitación estaba en silencio de nuevo. ¿Quién más hace teología aparte de los pastores, los líderes ministeriales, los profesores y los académicos profesionales? Nunca olvidaré lo que dijo el profesor a continuación. En voz baja, dijo: «Todos».

¿Todos? ¿Cómo es que todo el mundo puede ser teólogo?

Yo sé que no soy teólogo. Sé que mi esposa no es teóloga. Sé que mis padres no son teólogos. ¿Cómo puede todo el mundo ser teólogo? Si ya soy teólogo, entonces ¿por qué necesito ir al seminario? Vine al seminario para poder ser un teólogo, no porque ya sea teólogo.

Continuó explicando que todo el mundo tiene palabras acerca de Dios. Ciertamente, los pastores, los líderes ministeriales y los profesores tienen palabras sobre Dios, pero también las tienen las mamás, los papás, los abogados, los profesionales de la salud, los hindúes, los budistas, incluso los agnósticos y los ateos. Todo el mundo tiene palabras sobre Dios; por lo tanto, todo el mundo es un teólogo. La pregunta no es si somos teólogos, sino si somos buenos o malos teólogos.

Luego le pidió a cada estudiante que se pusiera de pie y repitiera después de él: «Mi nombre es ______________________ y soy un teólogo».

La primera vez que lo hicimos, hubo algunas risitas evidenciando una falta de confianza en la mayoría de nosotros.

Luego, dijo: «Intentémoslo de nuevo con un poco más de confianza. Repitan después de mí: "Mi nombre es ______________________ y soy un teólogo"».

La segunda vez se sintió un poco más natural para todos. Dije con confianza: «Mi nombre es J. T. English y soy teólogo».

Desde ese día, he pensado en mí mismo un poco diferente. No importa cuál sea mi vocación, no importa cuán joven o viejo sea, no importa mi situación familiar, mi nivel de ingresos o mi ubicación geográfica, siempre seré un teólogo.

La historia de Jen

Tengo una licenciatura en inglés. Eso es todo. No fui al instituto bíblico. No asistí al seminario. Obtuve una licenciatura en inglés porque me encantaba el idioma. Gané concursos de ortografía y ensayos a lo largo de toda mi vida académica y puedo diagramar oraciones como si fuera un deporte profesional. Desafortunadamente, nadie quiere ver eso en ESPN. Soy especialista en gramática, tengo una opinión muy definida sobre el uso de la coma y el uso adecuado de *halla* y *haya.* Puedo dar fe del hecho de que todo el mundo es gramático, pero no necesariamente uno bueno. Todo el mundo está obedeciendo las reglas de la gramática, pero algunos de nosotros estamos usando las reglas equivocadas. Si no conoces el uso correcto de las formas verbales *halla* y *haya,* eres una de esas personas. Es una broma.

Pero incluso en mi dogmatismo gramatical, puedo admitir que no hay mucho en riesgo cuando esas reglas no se consideran. No se puede decir lo mismo de la teología. Todo el mundo es un teólogo y mientras mejor lo hagamos, este mundo funcionará mejor, tal como fue diseñado.

Mientras J. T. estaba descubriendo que era un teólogo y creciendo en su capacidad para actuar como tal, yo estaba dando tumbos en mi iglesia local tratando de no enseñar mal y sin saber a dónde debía acudir para buscar ayuda.

Primero enseñé en la escuela dominical de séptimo grado. Yo había crecido en la iglesia, así que traté de hacer lo mismo que me habían enseñado cuando estaba en séptimo grado. Usábamos un manual para repasar el Evangelio de Juan. ¿Era un buen manual? No tenía ni idea. Basada en la premisa (equivocada) de que todo lo que tuviera que ver con la Biblia era bueno, seguí adelante.

Luego, de forma inesperada me pidieron que enseñara una clase de escuela dominical para mujeres. Fue entonces cuando entré en pánico.

Tenía veintinueve años, era más joven que todas las demás en la clase y no tenía un plan. Tampoco tenía formación y tenía mucha menos experiencia de vida que mis estudiantes. Ellas estaban divorciadas, viudas, casadas con incrédulos. Habían sufrido infertilidad, la pérdida de hijos y cónyuges, sufrimiento físico y emocional. Estaban luchando contra miedos y pecados con los que no podía identificarme y mi vida parecía dramáticamente sencilla en comparación con la de ellas. Sin entrenamiento ni cicatrices de batalla de las cuales hablar, ¿qué podía enseñarles que no pareciera frívolo o un fraude?

Empezamos el estudio leyendo la Biblia en un año, pero la lectura de cada semana planteaba más preguntas que respuestas. Mi esposo, Jeff, había empezado a escuchar un programa de radio durante su camino al trabajo llamado *Renovando tu mente* de R. C. Sproul. El Dr. Sproul hizo referencia a la *Teología Sistemática* de Louis Berkhof y Jeff me la regaló para mi trigésimo cumpleaños.

Todo cambió. Cuando estaba embarazada de mi cuarto hijo ya tenía otros tres que eran menores de cuatro años, y durante sus siestas y en las noches devoraba las doctrinas. Si los niños estaban dormidos y yo estaba despierta, probablemente estaba leyendo. De pronto, descubrí categorías que nunca había conocido por los temas que podía ver en las Escrituras. Aparentemente, esas categorías no eran nuevas, tan solo eran nuevas para mí. Leí a Berkhof y empecé a leer a R. C. Sproul. Tomé en cuenta sus notas a pie de página sobre otros autores y se me abrió un mundo que no sabía que existía.

Mi clase de escuela dominical se convirtió en un lugar donde podía conectar diferentes doctrinas con los pasajes de las Escrituras que estábamos leyendo esa semana. Empecé a sentirme más competente y mi confianza como maestra creció. Mientras que en el pasado creía que el papel de un maestro de la Biblia era construir una nueva enseñanza de la nada, ahora entendía que se trataba de transmitir a los nuevos oyentes enseñanzas antiguas y comprobadas en el tiempo. A través de los siglos, otros han construido una estructura confiable sobre cómo pensar acerca de Dios y esa estructura estaba a mi disposición y podía compartirla con aquellas a quienes enseñaba.

En medio de todo esto, ni una sola vez pensé de mí misma como una teóloga. ¿Berkhof? Sí. ¿Sproul? Obviamente. ¿Todas esas voces que encontré en las notas a pie de página? Gigantes de la teología. Yo, por otro lado, era una líder laica en un rincón de la iglesia local a la que nadie prestaba atención, enseñando a un grupo demográfico del que nadie esperaba mucho, sin capacitación formal en ese entonces ni en el horizonte.

Dos décadas después, todavía no tengo capacitación formal. Pero esto sé con certeza: *soy una teóloga.*

Y quiero que *tú* también lo sepas. Todos tenemos palabras sobre Dios. Podemos crecer en nuestra capacidad de hacer que esas palabras sean precisas y buenas, edificantes para los demás, glorificando a Aquel a quien describen. No solo todos somos teólogos, sino que lo somos por diseño. Fuimos creados para pensar y hablar palabras sobre Dios que lo representen correctamente. Cada uno de nosotros estamos hechos para el pensamiento y el discurso teológico. Todavía no soy la teóloga que debería de ser, pero estoy trabajando en ello.

Quiero invitarte a hacer lo mismo. Ya sea que compartas palabras sobre Dios alrededor de una mesa, en un aula de escuela dominical, en una cafetería, en un lugar de trabajo o en una plataforma de redes sociales, puedes crecer para conocerlo cada vez más y Dios producirá una cosecha de tus esfuerzos.

Tu historia

La Gran Comisión llama a los discípulos a hacer discípulos. ¿Qué es un discípulo? Un teólogo aprendiendo a ser un teólogo cristiano. Una persona con palabras sobre Dios aprendiendo a tener palabras verdaderas sobre Dios y a vivir a la luz de ellas.

Tal vez tomaste este libro sintiéndote todo un impostor. Tal vez lo lees por pura curiosidad. O tal vez por desesperación, porque sientes que no estás bien preparado para hacer la obra que el Señor te ha dado para hacer. Queremos ayudarte.

Este libro tiene dos objetivos principales. El primero es que te veas a ti mismo y a todos los demás, como teólogos. Queremos que percibas tu papel en adorar y proclamar al único Dios verdadero. Queremos que te entiendas a ti mismo como alguien que ha sido invitado a la tarea cristiana de pensar y vivir según quién es Dios. Porque si puedes entender eso, estarás listo para tomar tu lugar en el llamado de la Gran Comisión para hacer discípulos.

Nuestro segundo objetivo es que crezcas en el conocimiento y amor a Dios a través de la teología. Dios es un pozo inagotable de belleza, riquezas y gloria. La teología nos invita a contemplarlo y disfrutarlo como tal. Queremos convencerte de que, en última instancia, toda la vida es sobre teología porque toda la vida se vive en referencia a quién es Dios, quiénes somos, qué ha hecho y qué está haciendo. Lo que alimenta nuestro deseo y nuestros esfuerzos para contarle a la próxima generación es nuestro amor por Dios. Le enseñamos a otros porque permanecer en silencio sería inimaginable al conocer lo maravilloso que es Dios.

Como ya te has dado cuenta, este libro tiene dos autores. Fue coescrito por dos amigos, dos amigos que han aprendido a hacer teología juntos. Hemos aprendido por separado, hemos aprendido el uno del otro y hemos estado de acuerdo o en desacuerdo el uno con el otro dependiendo del día y del tema. Así es como se supone que funciona la teología. Ambos compartiremos historias con nuestras propias voces y cuando lo hagamos será evidente. De lo contrario, sería un libro que habríamos escrito juntos como una sola voz. Esto se debe a que compartimos la misión de catalizar a los cristianos en todos los contextos y en todo el mundo para que despierten a su identidad como teólogos, como fieles discípulos de Jesucristo. Hemos trabajado hombro a hombro en espacios locales y paraeclesiásticos para construir y replicar ministerios que equipen a esta generación de creyentes a no entrar en pánico, sino que esté preparada para pasar el buen fundamento a la siguiente generación.[2]

Este libro es, en gran parte, el resultado de ese trabajo. Te enseñará teología básica, pero más que eso, es una invitación a la contemplación, celebración, adoración y servicio al único Dios verdadero para toda la vida. Porque incluso después de leer la última página, recién empezará la gozosa tarea de la teología. La teología está destinada a ser el trabajo de tu vida, uno en el que no eres tan solo un consumidor, sino que contribuye a la conversación sobre Dios.

Siendo ese el caso, toma tu lápiz y completa el espacio en blanco:

> «Mi nombre es _______________ y soy un teólogo».

Ahora lee esa frase en voz alta. ¿Cómo te sientes? Es una afirmación que siempre ha sido cierta para ti de una manera u otra. Asegurémonos de que sea cierto sobre ti de una forma que te marque como discípulo de Cristo, un teólogo que modela su corazón, alma, mente y fuerza según Jesús de Nazaret.

Un libro no puede hacerte teólogo porque *ya eres teólogo*. Sé el mejor que puedas ser.

La próxima generación de discípulos está esperando ser formada. La iglesia del mañana necesita teólogos buenos, fieles y humildes hoy. Te están esperando.

Bienvenidos a la conversación. Bienvenidos a la misión.

CAPÍTULO 1

¿Por qué importa la teología?

La teología es palabras sobre Dios. Tu eres un teólogo. Sé uno bueno.

Hemos planteado algunas definiciones y desafíos básicos, pero tal vez aún no estás convencido de que la teología realmente importa. ¿Por qué no quedarnos solo con la Biblia? ¿Cuál es, exactamente, la relación entre la Biblia y la teología? Cuando nos proponemos estudiar teología, ¿estamos agregando algo a la Palabra de Dios y complicando algo que es sencillo?

Si no te estás haciendo estas preguntas, deberías hacerlo.

A fin de responderlas, podemos buscar ayuda en la Biblia. En particular, podemos mirar los ejemplos de dos figuras clave: Adán y Jesús. En el relato de la creación de Génesis 1, vemos que Dios pone orden en el mundo, puebla el mar, los cielos y la tierra. Sabemos que Su creación es una de las formas en las que Dios se revela a nosotros. Podemos ver lo que está hecho: las montañas, las puestas de sol, los colibríes y así conocer algo de Sus atributos invisibles (Ro. 1). Pero Dios hace algo digno de mencionarse en Génesis 1:28, Él le encarga al hombre y a la mujer asumir y continuar la obra de poner orden en el mundo.

> Dios los bendijo y les dijo: «Sean fecundos y multiplíquense. Llenen la tierra y sométanla. Ejerzan dominio sobre los peces del mar, sobre las aves del cielo y sobre todo ser viviente que se mueve sobre la tierra».

Inmediatamente en el capítulo 2 vemos que Adán hace exactamente eso. Dios le trae todos los animales a Adán para que los nombre, para que los clasifique, por así decirlo.

Él no dice: «Que haya una nueva especie de hipopótamo». No, la obra de la creación está terminada. En lugar de eso, dice: «Aquí hay un hipopótamo y aquí hay un búfalo». Él no añade a la creación de Dios; Adán tan solo aplica un lenguaje organizativo a lo que ya existe. Al hacerlo, está expresando la imagen de un Dios ordenado, está cumpliendo el mandato que Dios le ha dado de ejercer dominio.

Tú también haces cosas similares. Probablemente usas un calendario para mantener tus reuniones y otros compromisos a la vista. Tal vez has comprado contenedores para organizar tus calcetines y camisetas en tu armario o los alimentos en tu despensa. Tal vez tengas una máquina para colocar etiquetas, lo cual te hace muy feliz. Tal vez has desarrollado un sistema de archivo para mantener tus documentos en orden. Todos estos esfuerzos organizativos no se suman a lo que se está organizando; tan solo hacen que esos elementos sean accesibles y útiles. De una manera pequeña, estás generando orden tal como fuiste creado para hacerlo.

Al igual que las clasificaciones, los contenedores para organizar, los sistemas de archivo y los calendarios, la teología es un medio para organizar las ideas que se nos dan en la Palabra de Dios. La teología no le añade a esas ideas; simplemente nos da una forma de entenderlas exhaustivamente desde Génesis hasta Apocalipsis. La teología clasifica las ideas en categorías, proporciona etiquetas útiles, ordena las relaciones y los eventos desde una perspectiva más alta.

Vemos a Jesús hacer el trabajo organizativo de la teología en una escena famosa que sucede después de Su resurrección. En Lucas 24, encontramos a dos discípulos caminando por el camino a Emaús tratando de darle sentido a todo lo que acaba de suceder en Jerusalén. Jesús los saluda, aunque no lo reconocen, y les pregunta de qué están hablando. Ellos relatan los eventos confusos que han ocurrido desde Su crucifixión. Lucas señala que Jesús responde de esta manera:

> Entonces Jesús les dijo: «¡Oh insensatos y tardos de corazón para creer todo lo que los

> profetas han dicho! ¿No era necesario que el Cristo padeciera todas estas cosas y entrara en Su gloria?».
>
> Comenzando por Moisés y *continuando* con todos los profetas, les explicó lo referente a Él en todas las Escrituras. (Lc. 24:25-27)

En respuesta a su confusión, Jesús da a estos dos discípulos una lección de teología. En una caminata de un poco más de diez kilómetros, que habría demorado algo más de dos horas, Él les enseña la doctrina de Cristo. Ellos conocían las profecías del Antiguo Testamento. Lo que necesitaban era una perspectiva más alta. Él les da un lente organizacional sobre la revelación que ya tenían. Así como Adán puso orden en la revelación natural, Jesús pone orden a la revelación especial de los escritores del Antiguo Testamento.

Cuando hacemos teología, nuestra tarea no es agregar a lo que Dios ha revelado en las Escrituras, sino ordenarlo. La teología es una manera de organizar y conocer y entender mejor lo que Dios nos ha dado en la revelación especial.

¿Por qué importa la teología?

La teología importa porque nos da forma no solo a nivel intelectual, sino a nivel emocional y práctico. Uno de los mayores conceptos erróneos sobre la teología es que es algo que se aprende en un aula o a través de la lectura de un libro. Los cristianos no solo aprenden teología; ellos «hacen teología». A la Jen gramática no le gusta esta frase, pero se usa con frecuencia por una razón. Comunica el impacto holístico de la teología en nuestras vidas: pensamos de manera diferente, sentimos de manera diferente y actuamos de manera diferente como resultado de desarrollar mejores categorías para entender a Dios.

La teología no se hace de forma exclusiva o especialmente en el aula. Se hace en la vida cotidiana, cada minuto de cada día. Estamos haciendo teología cuando predicamos, oramos y cantamos, pero también estamos haciendo teología cuando vamos a trabajar, cuando nos tomamos unas vacaciones, cuando cuidamos a un padre anciano, cuando luchamos contra el pecado, cuando criamos a los hijos, cuando lloramos la pérdida de un ser querido, cuando usamos nuestro dinero y a medida que envejecemos. Eres un teólogo y siempre estás haciendo teología.

«La teología es para académicos»

Si esto es cierto, entonces hacer teología es una tarea trascendental. ¿Por qué, entonces, muchos evitan asumir que deben mejorar? Un obstáculo común es la percepción de que la teología es demasiado académica. Para ser honestos, a veces puede serlo, pero eso no significa que no pueda ser accesible.

Dado que los académicos hacen teología a cierto nivel, al que algunos de nosotros nunca llegaremos, no significa que todos debamos evitar hacer teología por completo. La mayoría de nosotros nunca obtendremos un doctorado en matemáticas aplicadas, pero aún nos beneficiamos de aprender matemáticas más allá de una comprensión rudimentaria, con el propósito de llevar bien nuestra vida cotidiana. Los conceptos teológicos pueden y deben ser accesibles para todos: niños, padres, jóvenes profesionales, personas con doctorados o diplomas.

«La teología no es práctica»

Un segundo obstáculo es la percepción de que hacer teología no es práctico. Todo el mundo quiere vivir una vida que tenga sentido. Queremos dar nuestras vidas a lo que más importa. Esto no es cierto solo para los cristianos; es cierto para todas las personas, solo mira lo apasionadas que son las personas por las causas que apoyan, sus convicciones políticas e incluso sus equipos deportivos favoritos. En pocas palabras, todos queremos ser parte de algo más grande que nosotros mismos, y queremos que nuestras vidas importen. Si la teología simplemente contiene palabras sobre Dios y Dios es el ser más importante, la Realidad máxima, ¿hay algo que importe más que eso? Y, para el caso, ¿hay algo más práctico? Si la teología es entender quién es Dios y orientar nuestras vidas a eso, ¿hay algo más importante para nosotros? No hay nada más práctico que una vida bien vivida y la teología es un medio para ese fin.

«La teología es insensible»

Un tercer obstáculo es la percepción de que la teología enfatiza el pensamiento, no el sentimiento. Esto es verdad en cierta manera. Es más exacto decir que la teología empieza con la mente y se mueve hacia el corazón. Hacer teología es renovar la mente con el propósito de transformar el corazón (Ro. 12:2). El cristianismo no es solo una religión de la mente, un ejercicio intelectual frío, muerto y polvoriento. Pero tampoco es una religión solo del corazón, donde todo es emocional lleno de fervor y sin creencias racionales.

La teología no adora la vida de la mente, sino que reconoce que «el corazón no puede amar lo que la mente no sabe».[3] La teología falla si solo es un ejercicio intelectual. La teología funciona de forma correcta si un intelecto vivificado alimenta un corazón vivificado. Reconoce la belleza de la razón en la vida de fe y le da a la razón un vocabulario y una visión. Pensar profundamente en Dios siempre debe traer como resultado un sentimiento profundo sobre Dios. La teología que no conduce a la doxología (adoración) no es teología en lo absoluto, sino una búsqueda vana de conocimiento. ¿Cuál es la diferencia? La motivación del alumno y la obra del Espíritu Santo al aplicar lo aprendido.

Entonces, ¿la teología es académica? Puede ser. Pero está destinada a ser accesible a todos los discípulos. ¿La teología es poco práctica? Todo lo contrario. De hecho, conocer y amar bien a Dios es lo más práctico del mundo. ¿La teología carece de sentimiento? Para nada. La verdadera teología siempre nos lleva a amar y adorar a Dios.

¿Qué es la teología? *Palabras sobre Dios.*
¿Quién hace teología? *Todos.*
¿Qué hace la teología? *Organiza las verdades bíblicas.*
¿Por qué importa la teología? *Porque vivir bien importa.*
En pocas palabras, la teología es parte de una vida que se vive bien. *La teología nos ayuda a vivir bien toda la vida.*

¿Cómo hacemos teología?

¿Por dónde empezamos? La teología se hace *bíblicamente, en oración, en adoración, en humildad y juntos en comunidad.*

Primero, la teología debe ser *bíblica*. El objetivo de la teología cristiana es reflexionar en la revelación de Dios sobre sí mismo en las Escrituras. La teología que no medita en la Escritura deja de ser teología cristiana. Los teólogos cristianos moldean sus palabras, pensamientos y su adoración en torno a quién Dios dice que es y lo que Él ha hecho tal como se revela en las Escrituras. Los discípulos de Jesús nunca se gradúan de la Escritura. Nunca avanzamos más allá de ella. Nunca nos aburrimos con ella. La Escritura es la razón de ser de la teología. Volvemos a la Escritura una y otra vez, para que podamos conocer y estar en comunión con Dios. Él nos encuentra allí. Él se revela allí. Él nos habla allí. La Biblia es nuestra autoridad principal porque en la Escritura Dios se da a conocer a nosotros.

La teología no solo debe ser bíblica, sino que también debe hacerse *en oración*. La teología empieza y termina en oración. La teología se hace mejor cuando se hace de rodillas, pidiéndole a Dios, por el poder del Espíritu, que despierte nuestros corazones y mentes a la persona y obra de Cristo en las Escrituras. En oración, empezamos a ver a Dios y a nosotros mismos como corresponde. Tenemos la oportunidad de acercarnos a Dios como nuestro Creador y Redentor y le pedimos que nos ayude a nosotros, Sus criaturas, con la tarea de la teología. Le pedimos al Espíritu Santo que ilumine nuestros corazones y mentes oscurecidas para que podamos conocer a Dios de verdad. La teología sin oración probablemente es un intelectualismo lleno de orgullo. No podemos conocer a Dios a menos que Él se dé a conocer a nosotros, por eso oramos. En cuanto a nuestro crecimiento teológico, que nunca se diga de nosotros que no tuvimos porque no pedimos.

La teología también debe realizarse *en adoración*. No está destinada a hacernos amar más la teología, sino a amar más a Dios. La teología es claramente relacional, no debe ser información monótona. En la subcultura cristiana actual, a veces se cree que el conocimiento envanece. Cualquier expresión intelectual de fe se desvía peligrosamente hacia el ejemplo de los fariseos. En resumen, pensar demasiado podría matar la adoración. Pero la teología y la adoración no son enemigas. Son dos caras de la misma moneda. La teología es amar a Dios con nuestras mentes. La teología debe llevarnos a una mayor adoración de Dios y la adoración de Dios debe llevarnos a un mayor conocimiento de Dios. La doctrina y la doxología se alimentan mutuamente. Todo lo que aprendemos sobre Dios debe producir adoración a Dios.

La teología también debe hacerse *en humildad*. Los teólogos nunca presumen. Fundamentalmente, un discípulo es un aprendiz. Todo lo que has aprendido requiere humildad en el proceso, porque cualquier cosa que valga la pena aprender requiere práctica para llegar a ser competente. Con la teología, estamos haciendo más que tan solo aprender una habilidad. Somos teólogos humildes porque no podemos conocer a Dios a menos que Él se dé a conocer a nosotros. Todo conocimiento de Dios es dado por Dios. Es un acto de gracia que Dios se nos dé a conocer. Conocer a Dios es conocer la gracia. Por lo tanto, conocer a Dios es crecer en humildad. No hay lugar para el orgullo en la teología. Un teólogo orgulloso es una contradicción de términos. Toda teología debe estar marcada por una humildad impulsada por el Espíritu. Si tu teología te está llevando al orgullo, deséchala y obtén una teología mejor. Si tu teología te está llevando a una humildad más profunda, entonces sigue adelante porque estás siendo transformado a la imagen de Cristo, que es la meta de toda teología.

Por último, pero ciertamente no menos importante, la teología no está destinada a hacerse sola, sino juntos, *en comunidad*. Por comunidad, nos referimos tanto a nuestras comunidades contemporáneas como a la iglesia histórica. Dios te ha dado un contexto, una comunidad y relaciones por una razón. Dios te está llamando a involucrarte teológicamente en tus relaciones. Los esposos, hermanos y hermanas, padres e hijos, vecinos y amigos son llamados a la tarea de hacer teología juntos.

En el contexto de la iglesia local, podemos aprender sobre Dios de otras personas en nuestro entorno inmediato y ellos de nosotros. No existe tal cosa como un teólogo que sea llanero solitario. Cuando hacemos teología juntos, estamos testificando la verdad ordenada por Dios de que nos necesitamos unos a otros. Ninguno de nosotros es suficiente para la tarea teológica como individuo, pero cuando nos reunimos para hacer teología, aprendemos unos de otros. Hombres, mujeres, jóvenes, ancianos de diferentes orígenes socioeconómicos y de diferentes etnias: nos ayudamos unos a otros aprendiendo unos de otros.

En el contexto de la iglesia global, podemos aprender sobre Dios de nuestros contemporáneos en entornos culturales muy diferentes a los nuestros. Las diferentes experiencias de vida contribuyen a diferentes puntos de vista y miradas a través de las cuales vemos las Escrituras. Todos estamos viendo el mismo diamante hermoso del evangelio, pero los hermanos y hermanas de diferentes partes del mundo, con diferentes orígenes, ven diferentes aspectos del diamante con mayor claridad. Nos beneficia aprender, en humildad, de nuestros hermanos en Cristo alrededor del mundo.

En el contexto de la iglesia histórica, podemos aprender sobre Dios de nuestros predecesores en entornos históricos y culturales, muy diferentes a los nuestros. El Espíritu Santo ha estado enseñando, alimentando y guiando a la iglesia hacia la verdad durante los últimos dos mil años. Se ha dicho que la teología debe hacerse con amigos antiguos. A medida que nos involucramos en la teología, estamos destinados a aprender de nuestros hermanos y hermanas de la iglesia primitiva, de la iglesia medieval, de la Reforma, hasta el día de hoy. Cuando invitamos a nuestros hermanos y hermanas de siglos previos a conversar con nosotros, estamos invitando a la sabiduría de Dios, de siglos anteriores, a nuestras vidas. Aprendemos que detrás de nuestra teología se encuentran siglos de sabiduría y necedad de los que podemos aprender. Cuando hacemos teología con nuestros amigos de antaño, se nos invita a aprender de su sabiduría y de sus errores. Hacer teología con una mentalidad histórica no eleva la tradición al mismo nivel de autoridad de las Escrituras, sino que nos ayuda a entender las Escrituras a través de los lentes de la historia de la iglesia.

Preguntas que consideraremos en este libro

Si alguna vez has paseado por la sección de teología de una librería cristiana, entiendes el sentimiento que está detrás de Eclesiastés 12:12: «El hacer muchos libros no tiene fin». Muchos de esos libros son mucho más gruesos que el que actualmente tienes en tus manos. Eso es porque esta es una introducción, un primer paso en el viaje.

Este libro no se centrará en todas las consideraciones teológicas útiles para el creyente. Más bien, discutirá temas primarios, los aspectos en los que los cristianos tienen un consenso general. Llamamos a estos temas *esenciales*, o *doctrinas de primer rango*. Son las creencias que definen el cristianismo, las creencias centrales que distinguen al cristianismo de otros sistemas de creencias y que marcan los límites entre la ortodoxia y la herejía. Si estás familiarizado con los credos históricos de la iglesia, no te sorprenderá ver que este libro sigue el mismo patrón.

En una época marcada por la ignorancia de lo esencial y la división sobre lo no esencial, queremos ayudarte a recuperar las doctrinas que distinguen al cristianismo y que lo han hecho durante dos mil años.

Los temas que abordaremos en este libro se expresarán en forma de preguntas:

- ¿Quién es Dios? *La doctrina de la Trinidad.*
- ¿Cómo es Dios? *Los atributos de Dios.*
- ¿Qué es la Biblia? *La doctrina de la Escritura.*
- ¿Quiénes somos? *La doctrina de la humanidad.*
- ¿Qué salió mal? *La doctrina del pecado.*
- ¿Qué ha hecho Dios? *Las doctrinas de la cristología, la expiación y la justificación.*
- ¿A dónde pertenecemos? *La doctrina de la iglesia.*
- ¿Cómo termina la historia? *La doctrina de las últimas cosas.*

¡Empecemos!

CAPÍTULO 2

¿Quién es Dios?

La doctrina de la Trinidad

Breve definición: *Dios existe eternamente como uno en esencia y tres personas distintas: Dios el Padre, Dios el Hijo y Dios el Espíritu Santo. Cada persona es completamente Dios, sin embargo, hay un solo Dios.*

¿Qué es lo que amas?

Es una de las preguntas más importantes que alguna vez tratarás de responder. Piénsalo: ¿Qué es lo que deseas? ¿A qué le tienes afecto? ¿Qué te atrae?

Tal vez un millón de respuestas vienen a tu mente. Nuestro uso de la palabra *amor* es tan amplio que podríamos responder honestamente con una lista bastante larga. Amamos a nuestra familia: a nuestros padres, hermanos, abuelos, cónyuge, hijos. Amamos nuestros pasatiempos: practicar un deporte favorito, hacer arte, escuchar música que nos cautive. Amamos a las mascotas. Amamos las plantas. Amamos el helado y sus cremas. Amamos las experiencias, como pasar un día en la playa o caminar en el campo. Pero, si tuvieras que responder con una sola respuesta a la pregunta: «¿Qué es lo que amas?», ¿podrías reducirlo a una sola cosa? ¿Sería posible que dijeras: «Amo esto más que cualquier otra cosa»?

Es comprensible que no te sientas seguro en cómo responder esa pregunta. O puede que te sientas tentado a responderla de la manera en que «se supone que debes hacerlo». Las preguntas reveladoras deberían hacernos pausar antes de responder porque requieren algo de nosotros. Pero esta pregunta reveladora en particular es una que en cierto sentido estás respondiendo en cada momento de cada día. La respondes cuando le entregas tu tiempo a algo, cuando compras algo, cuando ves algo. La respondes cuando algo despierta ansiedad o felicidad en ti, en aquello que te emociona o te decepciona. La respondes en aquello que esperas y en lo que lamentas, con quién te relacionas y a quién admiras. Incluso si no puedes articular las palabras, estás respondiendo a esta pregunta, todos los días, con aquello a lo que dedicas tu vida.

En el Evangelio de Mateo, un intérprete de la ley plantea una pregunta reveladora a Jesús. A diferencia de la pregunta que te hemos planteado, esta tiene una trampa. El intérprete de la ley le pregunta: «Maestro, ¿cuál es el gran mandamiento de la ley?» (Mt. 22:36).

A primera vista, la pregunta reveladora del intérprete parece completamente ajena a la nuestra. ¿Qué tiene que ver la ley con el amor? Pero también es un interrogante que pregunta: «¿Qué es lo que amas?». El intérprete de la ley es, en teoría y en la práctica, alguien que ama la ley. Él y sus compañeros, los fariseos, quieren exponer a Jesús como alguien que no la ama. En la mente del fariseo, el amor a la ley responde a la pregunta de qué es lo más importante, qué es lo mejor para la humanidad, qué es lo que Dios más quiere de nosotros. ¿Qué es lo que más amas? La ley del Señor.

Pero Jesús toma la idea de su pregunta reveladora y la reformula:

> *AMARÁS* AL SEÑOR TU DIOS CON TODO TU CORAZÓN, Y CON TODA TU ALMA, Y CON TODA TU MENTE. Este es el grande y primer mandamiento. Y el segundo es semejante a este: *AMARÁS* A TU PRÓJIMO COMO A TI MISMO. De estos dos mandamientos dependen toda la ley y los profetas. (Mt. 22:37-40, énfasis añadido)

Luego cuenta una parábola sobre un hombre golpeado y dado por muerto en el camino a Jericó. Es una historia en la que las figuras religiosas exhiben una obediencia perfecta a las leyes rituales y un fracaso colosal a la ley del amor. Jesús entiende que la vida es, en última instancia, una disputa de amores. Tal como Sus interacciones con los fariseos revelarán consistentemente, es posible amar algo bueno en lugar de algo mejor. Es posible amar una sombra en lugar de su cumplimiento. Aunque es increíble, es posible amar lo que Dios ha dicho sin amar a Dios mismo o a aquellos hechos a Su imagen.

El fariseo se considera a sí mismo como un discípulo ejemplar basado en lo que sabe. Jesús replantea el concepto de discipulado a través de la mirada de lo que amamos. O, con más precisión, a quién amamos.

Entonces, ¿a quién amas? ¿A quién amas más que a cualquier otra cosa?

Conoces la respuesta correcta. Pero al empezar nuestro estudio de teología, queremos que puedas responderla después de haber meditado sobre por qué esa es la correcta. La verdadera. La más bonita. La mejor. Queremos que ames el dar esa respuesta, porque amas a «aquel» de quién habla. Ese «quién» es el punto de partida para toda postura teológica.

¿Cuáles son las consecuencias si es que no entendemos correctamente la doctrina de Dios? El error doctrinal en cualquier categoría es grave, pero ninguno es más grave que cuando se trata de la naturaleza y el carácter de Dios. Nuestra comprensión de Dios es lo que da forma a todo sobre nosotros. Pero ¿qué sucede si pensamos de forma equivocada en Dios?

Si creemos de forma voluntaria aspectos sobre Dios que no son ciertos, estamos trazando un camino peligroso. Le estamos diciendo a Dios quién se supone que debe ser. Cuando relegamos el trinitarismo a la irrelevancia, corremos el riesgo de seguir el patrón de casi todas las principales posturas heréticas de Dios de los últimos dos mil años. Tal vez lo más importante, es que si nos equivocamos en la doctrina de Dios, es probable que nos equivoquemos en todas las demás doctrinas porque todas las demás creencias cristianas tienen su raíz en la doctrina de Dios. La mayoría de las doctrinas son como las ramas de un árbol, ramas firmes, pero ramas al fin y al cabo. La doctrina de Dios es el tronco y ninguna rama puede vivir sin el tronco.

Si nos equivocamos en la doctrina de Dios, enfrentamos consecuencias muy reales en nuestra vida diaria. ¿Lo concibes como si fuera posible controlarlo? Observa cómo tus oraciones se convierten en sesiones de negociación y tus comportamientos morales se convierten en esfuerzos para ganarse Su favor. ¿Concebirlo como misericordioso y amoroso, pero no como justo? Observa cómo tu pecado se apodera de ti y te domina cuando te convences: «¡Él me perdonará!». ¿Crees que Él no lo está viendo todo? Prepárate para desarrollar la ilusión de mantener tus pecados en secreto mientras que ellos se abalanzan sobre ti y te devoran. ¿Crees que Él retiene cosas buenas de Sus hijos? La forma en que gastas tu tiempo y dinero te lo revelará. La forma en la que amas a tu prójimo dejará huellas.

Cualquier concepción pequeña o sesgada de quién es Dios rompe el segundo mandamiento: lo convierte en un ídolo y los ídolos son amos crueles.

En este capítulo y en el siguiente, analizaremos el «quién» de la teología en la doctrina de Dios. Empezaremos viendo Su Trinidad y luego exploraremos Sus atributos (lo que es verdad de Su naturaleza). Debido a que estos capítulos se refieren a un «quién», léelos con expectativa, buscando cómo son intensamente personales e intensamente prácticos en su aplicación.

Dios es Trino

Empecemos con un poco de honestidad. Piensa en tu relación con la Biblia. Piensa en tus pasajes favoritos a los que vuelves una y otra vez. Piensa en tus conceptos favoritos, los momentos que te conmovieron hasta las lágrimas, los versículos que escribiste en tarjetas para memorizar, por lo necesarios y bellos que eran. ¿Cuántos de ellos se centraron en la Trinidad de Dios? Además de cantar el himno «Santo, Santo, Santo», es probable que la mayoría de nosotros no hayamos conectado emociones cálidas o de gratitud a la idea de que Dios existe eternamente como una esencia y tres personas distintas. Es una doctrina que rara vez se enseña y que con poca frecuencia se medita. Sin embargo, forma una creencia esencial del cristianismo.

Aunque es poco frecuente que se enseñe hoy en día, no siempre fue así. El Credo de los Apóstoles, el Credo de Nicea y el Credo de Atanasio están todos construidos sobre ella. Son palabras repetidas domingo tras domingo durante siglos, por creyentes nuevos y viejos, estudiosos e ignorantes, así de importantes fueron sus verdades para el entrenamiento de los discípulos. Importante, hermoso y práctico. El trinitarismo no es una doctrina solo para teólogos sistemáticos de élite o para pastores profundamente inmersos en el estudio. Es para todos los niveles de teología. Es para ti.

Es cierto que de todas las doctrinas que analizaremos, esta puede ser la más intimidante. Para avanzar en nuestra comprensión del trinitarismo, necesitaremos mantener en tensión dos características importantes: el carácter único y el carácter trino. Ambos son esenciales. Si perdemos uno de ellos, perdemos la ortodoxia. Si Dios es solo uno, perdemos las diferentes personas del Padre, el Hijo y el Espíritu. Si Dios es tres, perdemos la hermosa unidad del Dios uno. La herejía busca aliviar la tensión que la Biblia exige. La ortodoxia requiere que mantengamos esa tensión. Dios es uno y es tres.

Solo hay un Dios

La primera característica del trinitarismo es la creencia en un solo Dios. La Biblia no aboga por la creencia en tres dioses o varios dioses, sino en uno. Él es el Señor, el Creador de todas las cosas.

La Biblia empieza con la afirmación: «En el principio Dios creó los cielos y la tierra» (Gn. 1:1). No pases por alto la importancia de esa primera frase. La Biblia empieza con una afirmación asombrosa: hay un solo Dios.

Imagínate cómo es que esta declaración habría llegado a los oídos de su audiencia original, Israel, mientras esperaban en el desierto entre Egipto y Canaán. Por cuatrocientos años habían vivido en una tierra politeísta, el fruto del trabajo de sus manos era ofrecido a un panteón de dioses egipcios. Aquí estaban ellos, listos para entrar en una tierra que tenía un panteón del mismo tamaño. Los dioses cananeos eran asimismo numerosos e igualmente exigentes. Entonces Dios les declara que no hay ningún panteón en lo absoluto, sino un solo Dios. Es un mensaje que ha estado incrustado en el pacto que Él le había declarado a Abraham, Isaac y Jacob y es un mensaje que le había declarado a Moisés en la zarza ardiente: «YO SOY EL QUE SOY» (Ex. 3:14). Los llamados dioses de Egipto y Canaán podrían afirmar: «Yo soy el dios de la lluvia, la cosecha o el parto», pero ninguno podía hacer esta afirmación. Solo el Dios de la Biblia puede decir: «YO SOY».

En el desierto errante, Israel encuentra consuelo en el carácter único de Dios: «Escucha, oh Israel, el SEÑOR es nuestro Dios, el SEÑOR uno es» (Dt. 6:4). Le deben toda su lealtad a Él y solo a Él. Del mismo modo, nuestra adoración no puede estar dividida. Adoramos al Dios que crea todas las cosas, nos redime de la esclavitud del pecado y lo adoramos solo a Él. Así como Israel correría hacia dioses extranjeros, nosotros también estamos tentados a cambiar a nuestro único Dios por un panteón. Al igual que ellos, necesitamos escuchar, una y otra vez, que el Señor nuestro Dios es uno.

El carácter único de Dios permaneció en los corazones y en los labios de los fieles de Israel hasta los tiempos del Nuevo Testamento. Esto es lo que hace que la afirmación de Jesús en Juan 10:10 sea tan osada. Él dice: «Yo y el Padre somos uno» (Jn.10:30). Analizaremos la afirmación que Jesús hace de unidad e igualdad con Dios en el capítulo 7, pero nota aquí que Él reitera la afirmación histórica de que hay un solo Dios. Los dioses de Babilonia, Persia, Grecia y Roma no son dioses en absoluto. Según Jesús, hay un solo Dios.

Los autores del Nuevo Testamento también preservan esta enseñanza. Pablo le recuerda a la iglesia de Galacia, llena de creyentes judíos y gentiles, que «Dios es uno solo» (Gá. 3:20). Una y otra vez, la Biblia afirma que hay un solo Dios que es Creador, Sustentador y Soberano providencial sobre todas las cosas.

Como en los días de Abraham y Moisés, como en los días de Jesús y Pablo, así en cada época de la historia humana hemos sido atraídos a creer en muchos dioses. O en ningún dios en absoluto. La Biblia está enfáticamente en desacuerdo con esto. Hay un solo Dios, y solo Él es digno de adoración.

El carácter único de Dios es la primera de dos características importantes para el trinitarismo. Es lo que distingue al Dios de la Biblia de los muchos dioses y de la impiedad de la invención humana.

Dios es tres personas

La segunda característica importante para el trinitarismo es el carácter trino. Dios es un Dios, pero Él es un Dios que existe *eternamente* como tres personas distintas: el Padre, el Hijo y el Espíritu. Cada persona es completamente Dios. Pero el Padre no es el Hijo y el Espíritu Santo no es el Padre o el Hijo, sino que es el Dios trino que es perfectamente uno y distinto en tres personas. El carácter trino de Dios no es una forma de politeísmo porque los cristianos adoran a un solo Dios. El cristianismo tampoco enseña la adoración particular o preferencial a una de las tres personas dentro de la divinidad.

¿Ya estás confundido? Vamos a desglosarlo haciendo algunas preguntas adicionales: ¿Qué distingue a cada persona de la Trinidad? ¿Qué hace al Padre, Padre? ¿Qué hace al Hijo, Hijo? ¿Y qué hace al Espíritu, Espíritu?

Si alguna vez te ha ayudado una analogía, parece que este es el momento de utilizarla. Tal vez hayas escuchado algunas analogías para la Trinidad: Dios es como un huevo: una cáscara, una clara y una yema. Dios es como el agua: hielo, agua y vapor. Dios es como un trébol de tres hojas. Aunque al principio estos intentos honorables pueden parecer útiles, en realidad pueden obstaculizar nuestra comprensión de la diversidad de las tres personas de la Trinidad. Afortunadamente, la Biblia ofrece un lenguaje sencillo que nos ayuda a distinguir a las tres personas.

Dos categorías que históricamente han ayudado a los cristianos a ver las distinciones de cada persona son la inmanencia de la Trinidad y la economía de la Trinidad. La inmanencia de la Trinidad se refiere a Dios en sí mismo, incluso antes de la creación. La *economía de la Trinidad* se refiere a cómo vemos la *inmanencia de la Trinidad* revelada en la historia redentora. Lo que vemos en las Escrituras es que:

La economía de la Trinidad

Dios el Padre inicia el plan de salvación.
Dios el Hijo logra la salvación.
Dios el Espíritu aplica la salvación.

La inmanencia de la Trinidad

El Padre es eternamente no engendrado.
El Hijo es eternamente engendrado por el Padre.
El Espíritu eternamente procede del Padre y del Hijo.

Para ver estas dos categorías con más claridad, prestemos atención a cómo la Biblia describe a cada persona y lo que hacen. Para entender lo que distingue a cada persona, vemos lo que cada persona hace en la historia bíblica. ¿Qué sabemos de cada persona en cuanto a sus actos redentores en la historia que nos da una idea de sus relaciones eternas como Padre, Hijo y Espíritu? Aquí están las tres claves:

1. En las Escrituras, Dios el Padre nunca es enviado. Eso significa que Él es eternamente no enviado o eternamente no engendrado. ¿Quién es Dios el Padre? El que es eternamente no enviado.
2. En las Escrituras, Dios el Hijo es enviado por el Padre. Eso significa que Él es eternamente enviado o eternamente engendrado. ¿Quién es Dios el Hijo? El que es eternamente enviado por el Padre.
3. En las Escrituras, Dios el Espíritu Santo es enviado por el Padre y el Hijo. Eso significa que Él procede eternamente del Padre y del Hijo. ¿Quién es Dios el Espíritu? El que es eternamente enviado por el Padre y el Hijo.

Analicemos con más profundidad el papel único de cada persona en la historia redentora.

Dios Padre

¿Qué significa y por qué importa que Dios el Padre no sea enviado eternamente? La Biblia revela que Dios el Padre, la primera persona de la Trinidad, es la fuente de toda actividad divina. En ningún momento de la historia bíblica el Padre es enviado. Veamos Juan 3:16: «Porque de tal manera amó Dios al mundo, que dio a Su Hijo unigénito, para que todo aquel que cree en Él, no se pierda, sino que tenga vida eterna». En Su amor por el mundo, el Padre envió a Su único Hijo.

Toda acción divina empieza con el Padre. Jesús dice: «En verdad les digo que el Hijo no puede hacer nada por Su cuenta, sino lo que ve hacer al Padre; porque todo lo que hace el Padre, eso también hace el Hijo de igual manera. Pues el Padre ama al Hijo, y le muestra todo lo que Él mismo hace; y obras mayores que estas le mostrará, para que ustedes se queden asombrados» (Jn. 5:19-20). El Padre inicia todo.

La característica eterna única de Dios el Padre es Su paternidad o que Él es eternamente no enviado. Esta es una perspectiva profunda porque significa que antes de que Dios fuera el Creador, Él es eternamente un Padre, un Padre para el Hijo. Nunca ha habido un tiempo en que Dios el Padre no fuera un Padre. Él siempre ha sido un Padre para el Hijo.

Es comprensible que, para algunos de nosotros, nuestros padres terrenales hayan contaminado nuestra comprensión de lo que es un padre y lo que hace un padre. La idea de la paternidad de Dios puede no parecer una buena noticia. Pero ¿qué pasaría si, en lugar de ver a Dios el Padre a través del lente de nuestros padres terrenales, viéramos a nuestros padres terrenales a través del lente de nuestro Padre perfecto en el cielo? Tenemos un Padre celestial que da luz y vida a todos Sus hijos. Como Juan nos recuerda: «Y este es el mensaje que hemos oído de Él y que les anunciamos: Dios es Luz, y en Él no hay ninguna tiniebla» (1 Jn. 1:5). Aunque tenemos padres terrenales imperfectos, tenemos un Padre perfecto en el cielo. Son buenas noticias.

Dios el Hijo

Si la característica exclusiva del Padre es que Él nunca es enviado, lo cual lo hace eternamente no engendrado, ¿qué distingue al Hijo del Padre y del Espíritu?

El Hijo es eternamente enviado por el Padre (comp. Jn. 3:16). El Hijo no está subordinado al Padre, sino que es enviado por Él. La Biblia enseña, en los primeros versículos del Evangelio de Juan, la igualdad del Hijo con el Padre y el envío del Hijo. En Juan 1:1 se nos dice que el Hijo es Dios: «En el principio *ya* existía el Verbo, y el Verbo estaba con Dios, y el Verbo era Dios». El Hijo de Dios, el Verbo, ha existido eternamente con Dios. Pero unos versículos más adelante, Juan también nos dice que el Verbo fue enviado y que Él adoptó sobre sí una naturaleza humana al morar entre nosotros (Jn. 1:14).

¿Cómo es posible esto? Porque, «como el Padre tiene vida en Él mismo, así también le dio al Hijo el tener vida en Él mismo» (Jn. 5:26). El Padre tiene vida en sí mismo. El Padre concede eternamente no solo que el Hijo tenga vida, sino que tenga vida en sí mismo. Esto distingue al Padre del Hijo, pero también son uno (Jn. 10:30).

Pablo también destaca la persona distinta del Hijo:

> Él es la imagen del Dios invisible, el primogénito de toda creación.
> Porque en Él fueron creadas todas las cosas, *tanto* en los cielos *como* en la tierra, visibles e invisibles; ya sean tronos o dominios o poderes o autoridades; todo ha sido creado por medio de Él y para Él. Y Él es antes de todas las cosas, y en Él todas las cosas permanecen.
>
> Él es también la cabeza del cuerpo *que es* la iglesia. Él es el principio, el primogénito de entre los muertos, a fin de que Él tenga en todo la primacía. Porque agradó *al Padre* que en Él habitara toda la plenitud, y por medio de Él reconciliar todas las cosas consigo, habiendo hecho la paz por medio de la sangre

> de Su cruz, por medio de Él, *repito*, ya sean las que están en la tierra o las que están en los cielos. (Col. 1:15-20)

Aquí Pablo sostiene correctamente la tensión entre el carácter único y el carácter trino. Él nos dice que el Hijo es la «imagen del Dios invisible». Eso significa que Él fue enviado por el Padre para representar cómo es Dios para nosotros. El Hijo, Jesús, es Dios. Pablo incluye al Hijo en el acto de la creación e incluso afirma que Él es la meta de toda la creación. Todas las cosas fueron creadas *por* medio de Él y *para* Él.

El Hijo no solo comparte con Su Padre la creación de todas las cosas, sino que de manera única, Él reconcilia consigo mismo todas las cosas. ¿Cómo? Al ser enviado por el Padre para hacer la paz por medio de la sangre de Su cruz. El Padre no es enviado a la cruz; solo el Hijo es enviado a la cruz. Dado que el Padre no es enviado en la historia, solo el Hijo es capaz de reconciliar todas las cosas porque Él fue enviado por el Padre. El Padre envía; el Hijo es enviado.

El envío del Hijo es fundamental para nuestra comprensión del evangelio. El Dios trino ha puesto Su afecto sobre ti de tal manera que Dios el Padre envió a Dios el Hijo a morir en la cruz por ti.

Dios el Espíritu

El Padre no es enviado. El Hijo es enviado por el Padre. ¿Qué distingue al Espíritu del Padre y del Hijo? El Espíritu es enviado por el Padre *y* el Hijo.

La Biblia enseña que el Espíritu Santo es Dios mismo al atribuirle acciones y atributos divinos. Él tiene el nombre que se le ha atribuido a Dios (Hch. 5:3-4), Él participa en la creación (Gn. 1:2), Él está presente en todas partes (Sal. 139:7), Él lo sabe todo (1 Co. 2:10) y Él es todopoderoso (Sal. 33:6). El Espíritu Santo comparte la misma esencia que el Padre y el Hijo. Él es Dios y solo hay un Dios.

Pero la actividad del Espíritu Santo en la historia redentora lo distingue del Padre y del Hijo. Al describir la persona y la obra del Espíritu Santo, Jesús les dice a Sus discípulos: «Cuando venga el Consolador, a quien yo enviaré del Padre, *es decir*, el Espíritu de verdad que procede del Padre, Él dará testimonio de Mí, y ustedes también darán testimonio, porque han estado junto a Mí desde el principio» (Jn. 15:26-27). Jesús dice que la característica exclusiva del Espíritu en la redención es ser enviado por el Padre *y* por el Hijo. Algunos teólogos han llamado a esto la procesión del Espíritu. Él procede tanto del Padre como del Hijo. Su misión es morar en la iglesia y dar testimonio del Hijo.

Por qué la Trinidad es una buena noticia

Repasemos lo que hemos aprendido:

La inmanencia de la Trinidad	La economía de la Trinidad
El Padre es eternamente no engendrado.	El Padre inicia y envía.
El Hijo es eternamente engendrado.	El Hijo es enviado y lleva a cabo.
El Espíritu eternamente procede del Padre y del Hijo.	El Espíritu procede y aplica.

Entonces, ¿qué significa todo esto? Veamos algunas implicaciones prácticas y hermosas de la Trinidad de Dios.

Primero, Dios es uno. Hay un solo Dios y solo Él es digno de adoración. Piensa cuántas veces esta semana, hoy, esta hora o tal vez incluso este minuto, has puesto tus afectos en una gran cantidad de aspectos poco valiosos. Los placeres y distracciones de este mundo están compitiendo por nuestros afectos y atención en lugar de Dios. Nuestras posesiones, nuestro trabajo y nuestras relaciones se convierten en objetos de nuestra adoración en lugar de medios para adorar a Aquel que los da. El carácter único de Dios nos ayuda a dirigir nuestra adoración lejos del panteón de nuestros deseos terrenales hacia el único Objeto digno de adoración.

Segundo, el evangelio solo es posible si Dios es trino. Cada miembro de la Trinidad juega un papel esencial. Dios el Padre inicia. Dios el Hijo lleva a cabo. Dios el Espíritu aplica. Solo el Dios trino puede amar a los pecadores, morir por los pecadores, vivir con los pecadores y hacer santos a los pecadores.

Finalmente, el Dios trino no solo perdona el pecado, sino que nos invita a la comunión con cada persona de la Deidad. En el corazón de la vida cristiana hay una comunión con cada persona de la Trinidad. La comunión que se disfruta entre las tres Personas por toda la eternidad te invita a participar de Sus riquezas.

Estás invitado a tener comunión específicamente con Dios el Padre. Dios el Padre declara que somos Sus hijos e hijas. Él nos ha adoptado. Una vez fuimos huérfanos espirituales, pero el Padre nos ha traído a Su familia. Dios el Padre ha puesto Sus afectos sobre ti y Él nunca te abandonará. Él te ama de la misma manera que ama a Su Hijo.

Estás invitado a tener comunión específicamente con Dios el Hijo. Dios el Hijo vino a cargar con tu vergüenza y culpa. Gracias a Él, ya no estás condenado, sino libre. Libre para estar seguro del amor de Dios por ti. Libre para corresponder ese amor. Él es nuestro hermano, nuestro mediador, nuestro rey que nos invita a ser coherederos de Su reino.

Estás invitado a tener comunión específicamente con Dios el Espíritu Santo. Ya no se necesita estar en un templo para experimentar la presencia de Dios. El Espíritu ahora está en ti. Él se deleita en estar contigo. En Su presencia puedes saber que Dios se deleita en ti.

Entonces, volvamos a las preguntas reveladoras. ¿Cuál es la pregunta más importante que estamos tratando de responder? Como verás, no es, «¿qué es lo que amas?», ni siquiera, «¿a quién amas?», aunque la forma en que respondemos a ambas preguntas revela el estado de nuestros corazones. La pregunta más importante que podemos tratar de responder es esta:

«¿Quién te ama?»

Dios lo hace. El único Dios verdadero, el Dios trino. Repite esa respuesta en voz alta, sin necesidad de reflexionar o hacer un examen de conciencia. Cualquier amor que tengamos por Dios es solo porque Él nos amó primero (1 Jn. 4:19). La doctrina de la Trinidad es la doctrina del amor de Dios. Eres amado por Dios el Padre, eres amado por Dios el Hijo y eres amado por Dios el Espíritu Santo.

Buenas noticias. El amor del Dios trino hacia ti es el origen de todos los demás amores y el inicio de un amor que disfrutaremos y descubriremos por toda la eternidad.

Tú eres un teólogo

Reflexiona

1. ¿Por qué crees que se enseña, se medita o se celebra tan poco sobre la Trinidad en los círculos cristianos de hoy? ¿Qué estamos perdiendo al descuidar esta doctrina?

2. ¿De qué forma el carácter único de Dios es un recordatorio necesario para ti a nivel personal? ¿Qué adoración dividida se pone a prueba?

3. De las tres personas de la Trinidad, ¿cuál sientes que es la que conoces más? ¿Con cuál puedes conectar mejor tus afectos y adoración? ¿Cómo influye tu historia personal familiar o de iglesia en las respuestas que has dado?

4. ¿Qué tradiciones de la iglesia tienden a enfatizar a una persona de la Trinidad sobre otra? ¿Cómo es esto potencialmente peligroso para nuestra comprensión de cómo Dios se relaciona con nosotros en el evangelio?

5. En una escala del 1 al 10, califica tu nivel de comodidad con la doctrina de la Trinidad antes de que leyeras este capítulo. Ahora califícala después de leer este capítulo. ¿Qué ideas quieres recordar más? ¿Qué ideas quieres analizar con más profundidad?

Ora

Utiliza la reseña que aparece debajo para escribir una oración al Padre, por medio del Hijo y en el poder del Espíritu. Úsala para responder a la pregunta: «¿Quién te ama?», reconociendo la divinidad de cada persona y el deleite de cada persona en ti.

> Padre Celestial,
>
> Gracias porque me amas...
>
> Gracias por haber enviado al Hijo...
>
> Gracias porque Tú, el Padre y el Hijo han enviado el Espíritu...
>
> > Aunque soy ____________________
> > el Padre se deleita en mí.
> >
> > Aunque soy ____________________
> > el Hijo se deleita en mí.
> >
> > Aunque soy ____________________
> > el Espíritu se deleita en mí.
>
> Padre, enséñame a vivir, a través de tu Hijo y por tu Espíritu como si lo creyera, y a amarte en respuesta a cómo he sido amado.
>
> Amén.

CAPÍTULO 3

¿Cómo es Dios?

Los atributos de Dios

Breve definición: *Dios se puede conocer. Su naturaleza y carácter nos son revelados a través de la Biblia. Entendemos los atributos de Su carácter como incomunicables (solo Suyos) y comunicables (capaces de ser nuestros).*

Una de las películas navideñas más recordadas de todos los tiempos es *Elf*, la historia de Buddy, un humano criado como elfo en el Polo Norte, que va en busca de su padre a la ciudad de Nueva York. Que no te sorprenda que consideremos la película como profundamente teológica.

Después de todo, ¿quién no busca en las películas de Will Farrell una profunda verdad teológica? En un momento de la película, Buddy se entera de que Santa está programado para visitar el centro comercial donde trabaja. Él exclama: «¿¿¿¡*Santa Claus*??? ¡¡YO LO CONOZCO!!» Al día siguiente, un *Santa* del centro comercial se presenta a trabajar con una barba falsa y un falso «Ho, Ho, Ho». Los niños que esperaban verlo no perciben nada malo, pero Buddy pierde la compostura: «Tú no eres real. Estás sentado en un trono de mentiras» y mi frase favorita: «No hueles a *Santa*. Tienes olor a hamburguesa con queso». Antes de conectar a Buddy con la doctrina de Dios, pongamos a un lado a ese elfo con el que podemos relacionarnos, y analicemos la doctrina en sí misma.

La doctrina de Dios es el estudio de las cualidades de Su carácter. Llamamos a las cualidades del carácter de Dios Sus atributos. Los atributos de Dios describen quién es Él y hablan de cómo Él actúa.

Cuando Pablo se dirige a los atenienses en el Areópago, dice haber visto un altar con la inscripción: «AL DIOS DESCONOCIDO» (Hch. 17:23). Entonces Pablo anuncia buenas nuevas de una forma particular: el Dios cristiano se puede conocer. Él es conocible y se da a conocer.

Los atributos de Dios están típicamente organizados en dos categorías: incomunicables y comunicables. Pero estos términos en sí mismos pueden ser difíciles de entender. Cuando hablamos de una enfermedad comunicable, queremos decir que es capaz de ser transmitida. Del mismo modo, cuando hablamos de atributos incomunicables o comunicables de

Dios, nos referimos a aquellos que son transmisibles o no transmisibles.

Los atributos incomunicables de Dios solo son ciertos sobre Dios. No pueden ser comunicados (o transmitidos) a los seres humanos. Lo distinguen a Él de Su creación. Los atributos comunicables de Dios son ciertos sobre Él, pero también pueden llegar a ser ciertos sobre nosotros. Pueden transmitirse a los humanos. Aquí hay un ejemplo de un desglose de las dos categorías:

Atributos incomunicables	**Atributos comunicables**
Solo Dios es:	***Dios es (y nosotros podemos ser):***
Infinito	Santo
Incomprensible	Amoroso
Autoexistente	Justo
Autosuficiente	Bueno
Eterno	Misericordioso
Inmutable	Lleno de gracia
Omnipresente	Paciente
Omnisciente	Sabio
Omnipotente	Celoso (por Su gloria)
Soberano	Airado
Trascendente	Fiel
	Moralmente recto
	Veraz

Cada cualidad en las dos listas es infinitamente real sobre Dios. Una vez que el Espíritu Santo mora en nosotros, la lista de la derecha puede convertirse en una realidad para nosotros. Es una lista en la que crecemos a medida que caminamos en obediencia a los mandamientos de Dios. Cuando hablamos de ser «conformados a la imagen de Cristo», esta es la lista que estamos describiendo. Nos muestra cómo *reflejar* quién es Dios así como lo hizo Cristo.[4]

Debido a que Dios es infinito, la cantidad de aspectos que son conocibles sobre Él también es infinita. Aunque las mentes humanas y finitas no pueden conocer por completo a un Dios infinito, podemos conocerlo lo suficiente para la vida y la piedad. Él ha revelado todo lo que necesitamos en las Escrituras (más sobre esto en el capítulo 4), y no terminaremos de agotar esa revelación en esta vida.

Las dos listas mencionadas ni siquiera nombran todos los atributos revelados en la Biblia, pero son un buen punto de inicio y pueden ayudar con la lectura de la Biblia en tiempos donde nos dicen que la Biblia es principalmente una herramienta para descubrirnos a nosotros mismos. Al familiarizarnos con las categorías y definiciones de los atributos de Dios, nos volvemos mejores en la lectura de la Biblia primero para ver lo que dice sobre Dios y segundo para ver lo que dice sobre (o, a) nosotros. Cuanto más aprendemos a leer la Biblia de esta manera, más empezamos a reconocer que lo que enseña sobre Él nos tomará más que toda esta vida. La eternidad nos dará una oportunidad ilimitada para descubrir el resto de lo que podemos saber sobre Dios, sin llegar al final de ese glorioso conocimiento.

Aquí hay algunas breves definiciones y referencias de las Escrituras para nuestra lista de atributos:[5]

Atributos incomunicables

Infinito: Dios no tiene límites ni limitaciones de ningún tipo en Su persona o señorío (1 R. 8:27; Sal. 145:3).

Incomprensible: Debido a que Dios es Dios, Él está más allá de la comprensión de los humanos. Sus caminos, carácter y acciones son más altos que los nuestros. Solo entendemos la forma que Dios elige revelarse a sí mismo, Sus caminos o Sus propósitos (Job 11:7; Ro. 11:33).

Autoexistente: Dios no depende de nada para Su existencia más allá de Él mismo. Toda la base de Su existencia está dentro de sí mismo. Hubo un tiempo en que no existía nada más que Dios mismo. Él no añadió nada a sí mismo en la creación (Ex. 3:14; Jn 5:26).

Autosuficiente: En sí mismo, Dios es capaz de actuar, es decir, de llevar a cabo Su voluntad sin ninguna ayuda. Aunque Él puede elegir usar ayuda, es Su buena voluntad, no Su necesidad, lo que dirige esa elección (Sal. 50:7-12; Hch. 17:24-25).

Eterno: Dios no tiene principio y no tiene fin. Él no está limitado a la finitud del tiempo o al cálculo del tiempo que tiene el hombre (Dt. 32:40; Is. 57:15).

Inmutable: Dios es siempre el mismo en Su naturaleza, en Su carácter y en Su voluntad. Él nunca cambia y nunca se le puede hacer cambiar (Sal. 102:25-27; Mal. 3:6; He. 13:8).

Omnisciente: Dios lo sabe todo. Él tiene un conocimiento perfecto de todo lo que es pasado, presente y futuro (Job 37:16; Sal. 139:1-6).

Omnipotente: Dios posee todo el poder. Él es capaz de lograr cualquier cosa que haya decidido hacer, con o sin el uso de cualquier recurso fuera de Él (Gn. 18:14; Job 42:2; Jer. 32:27).

Omnipresente: Dios está presente en todas partes, en todo el universo, en todo momento, en la totalidad de Su carácter (Pr. 15:3; Jer. 23:23-24).

Soberano: Dios está total, suprema y preeminentemente sobre toda Su creación. No hay una persona o elemento que se haya escapado de Su control ni de Su plan previamente conocido (Dn. 4:35; Is. 14:24,27; Dn. 2:20-23).

Trascendente: Dios está por encima de Su creación y Él existiría si no hubiera creación. Su existencia está totalmente separada de Sus criaturas o creación (Is. 43:10; Is. 55:8-9).

Atributos comunicables

Santo: Dios es un ser moralmente excelente y perfecto. Él es totalmente diferente al hombre. Él es un ser puro en todos los aspectos (Lv. 19:2; Job 34:10; Is. 47:4).

Amoroso: El amor de Dios lo mueve a darse a sí mismo por otro, incluso a dar Su propia vida. Su amor hace que Él desee el mayor bien de Sus criaturas. Este amor no se basa en el valor, la respuesta o el mérito del objeto que se ama (Jer. 31:3; Ro. 5:8; 1 Jn. 4:8).

Justo: Dios es justo en todas Sus acciones. Ya sea que Él trate con hombres, ángeles o demonios. Él actúa en total equidad al recompensar la justicia y castigar el pecado. Puesto que Él lo sabe todo, cada decreto es absolutamente justo (Nm. 14:8; 23:19; Sal. 89:14).

Bueno: En Su bondad, Dios da a los demás, no según lo que merecen, sino según Su buena voluntad y bondad hacia ellos (2 Cr. 5:13; Sal. 106:1).

Misericordioso: Dios es un ser activamente compasivo. Él responde con compasión hacia aquellos que se han opuesto a Su voluntad en la búsqueda de su propio camino (Sal. 62:12; 89:14; 106:44-45; 116:5; Ro. 9:14-15).

Lleno de gracia: Dios demuestra un favor inmerecido hacia Su creación. Su gracia común se muestra en todo lo que Él ha hecho y Su gracia especial se muestra en aquellos que reciben la salvación por medio de Cristo (Sal. 116:5-9; Ef. 1:3-10; 2 Co. 9:8; Tit. 2:11-14).

Paciente: La ira justa de Dios tarda en encenderse contra aquellos que no escuchan Sus advertencias u obedecen Sus instrucciones. Su anhelo eterno por el mayor bien de Sus criaturas retiene Su santa justicia (Nm. 14:18; 2 P. 3:9).

Sabio: Las acciones de Dios se basan en Su carácter. Su sabiduría hace que Él escoja fines justos y haga los planes más adecuados para lograr esos fines (Is. 40:28; Dn. 2:20).

Celoso: Dios no está dispuesto a compartir con ninguna otra criatura lo que es legítima y moralmente Suyo (Ex. 20:5; 34:14).

Airado: Dentro de Dios hay un odio por todo lo que es injusto y un deseo insaciable de castigar toda injusticia. Todo lo que sea incompatible con Su santo estándar debe ser consumido en última instancia (Ex. 34:6-7; 1 Cr. 19:2; Ro. 1:18).

Fiel: Dios siempre es fiel a Sus promesas. Él nunca puede retirar Sus promesas de bendición o juicio. Dado que Él no puede mentir, Él permanece firme a lo que Él ha dicho (Dt. 7:9; 2 Ti. 2:13).

Moralmente recto: Dios siempre es bueno, es esencial a Su carácter. Él siempre hace lo correcto. En definitiva, puesto que Él es Dios, todo lo que Él hace es correcto. Él es el absoluto. Sus acciones son siempre consistentes con Su carácter, que es amor (Dt. 32:4; Sal. 119:142).

Veraz: Todo lo que Dios dice es la realidad. Ya sea que el hombre lo crea o no, ya sea visto como realidad o no, lo que Dios ha hablado es la realidad. Todo lo que Él habla es verdad (Nm. 23:19; Sal. 31:5; Tit. 1:2).

Por qué un Dios que se puede conocer es una buena noticia

Entonces, ¿cómo es que Buddy el elfo, quien le dice al *Santa* del centro comercial que es un fraude, nos ayuda a entender la doctrina de Dios como una buena noticia?

Buddy reconoce al *Santa* falso porque Buddy conoce al *Santa* verdadero. Lo conoce de forma personal. Este es el regalo que recibimos al tener un Dios que se puede conocer: podemos discernir lo verdadero de lo que es mentira. La Biblia nos da el conocimiento de Dios, pero lo hace no solo para que podamos conocerlo. Hace esto para que podamos adorarlo como Él merece. Al igual que Buddy el elfo, sabemos que solo Uno pertenece al trono. Cuando nos dedicamos al conocimiento de Dios revelado a nosotros en Su Palabra, aprendemos a reconocerlo adecuadamente y a ofrecerle la adoración correcta.

Pero también ganamos algo más: aprendemos a adorarlo como se debe. Buddy no solo conoce a *Santa*, no solo venera a *Santa*, él lo ama. Lo ama y lo valora con precisión porque lo conoce bien. Su conocimiento moldea su afecto. Lo mismo es cierto para nosotros. Cuanto más crecemos en nuestro conocimiento de Dios, más crecemos en nuestro amor por Él. Percibimos con una profundidad cada vez mayor Su valor e importancia como objeto de nuestra adoración. Cada vez se hace más difícil ser engañados o saciados con un sustituto. También nos volvemos cada vez menos propensos *a crear* un sustituto, reduciendo a Dios a nuestra propia imagen, eligiendo solo algunos de Sus atributos para celebrarlos e ignorando o restando importancia a otros.

Así también obtenemos otro don en nuestro conocimiento de Dios: la capacidad de entendernos a nosotros mismos en relación con Él. Buddy no solo conoce a *Santa*, él sabe la diferencia entre Santa y sus elfos. Como señaló el teólogo del siglo XVII Juan Calvino: «El conocimiento de Dios y el conocimiento de uno mismo van siempre de la mano. No hay verdadero conocimiento de uno mismo fuera del conocimiento de Dios. La doctrina de Dios nos muestra la distancia entre un Dios trascendente y los portadores de imágenes que Él ha creado y al mismo tiempo nos atrae a imitarlo».[6]

Él es maravillosamente diferente y también es como nosotros. Necesitamos ambas perspectivas para llevar Su imagen, tal como fuimos creados para hacerlo. No podemos conformarnos con la imagen de un Dios que no conocemos, ni podemos adorarlo como fuimos creados. Al conocerlo, nos conocemos a nosotros mismos y a nuestros semejantes de forma correcta. Nuestra identidad se deriva de la Suya.

Cuanto más aprendemos de Él, más lo amamos. Cuanto más aprendemos de Él, más nos amamos a nosotros mismos y a nuestro prójimo como deberíamos hacerlo. Y es cuando más queremos proclamar a todos los que encontramos: «¡¡Yo lo conozco!!».

Tú eres un teólogo

Reflexiona

1. ¿Con cuál de los atributos de Dios estás más familiarizado? ¿Cuáles son menos familiares para ti? ¿Por qué?

2. ¿Cuál de los atributos de Dios te hace sentir incómodo? ¿Cuál se siente más cercano o comprensible? ¿Por qué?

3. Elige un atributo incomunicable y reflexiona cómo aumenta tu comprensión de tus propios límites. ¿Cómo aumenta tu amor por Dios? ¿Cómo te anima a adorarlo?

4. Elige un atributo comunicable y reflexiona cómo aumenta tu comprensión de tus propios límites. ¿Cómo aumenta tu amor por Dios? ¿Cómo te anima a adorarlo?

Ora

1. Elige tres atributos incomunicables de Dios y escribe una oración de acción de gracias y alabanza.

2. Elige tres atributos comunicables de Dios y escribe una oración en la que le pidas a Dios que te haga más como Cristo en estos aspectos.

CAPÍTULO 4

¿Qué es la Biblia?

Revelación: La doctrina de la Escritura

Breve definición: *Dios puede ser realmente conocido. Él misericordiosamente se da a conocer a nosotros a través de las Escrituras. La Biblia es inspirada, autoritativa, inerrante, infalible, necesaria, suficiente y clara.*

Uno de nuestros amigos es un ávido fan del cine. Hace poco vio *El sexto sentido* por primera vez. Tan pronto como terminó la película, nos envió un mensaje de texto en completo estado de *shock* (alerta de *spoiler*): «¿¿¿Me estás diciendo que estuvo muerto todo el tiempo???». ¿Cómo es que nuestro amigo no se enteró del impactante giro de la trama de una película estrenada hace treinta años? Es incomprensible. Sin embargo, ahí estaba, pasando por ese mismo impacto que muchos experimentamos, dándose cuenta de que todo lo que había pensado que era verdad en realidad había resultado ser falso.

Hollywood sabe cuánto nos atraen las películas que plantean la pregunta: *¿Cómo sabemos lo que sabemos?* Otros éxitos de taquilla como *Matrix, El Ilusionista* y *El origen* dan testimonio de nuestra fascinación por cómo sabemos lo que sabemos. ¿Cómo puedo estar seguro de que lo que veo, oigo o experimento es real? ¿Me engañan con facilidad? ¿Mi percepción de la realidad se alinea de verdad con la realidad? Estas preguntas no son de ningún modo nuevas. Los humanos siempre las han hecho: filósofos y niños, ricos y pobres, educados y sin educación, antiguos y modernos, cristianos e incrédulos.

Y teólogos.

Cuando los teólogos se preguntan: «¿Cómo sabemos lo que sabemos?», lo hacen con el conocimiento de Dios en mente. En cuanto a la teología, las preguntas esenciales que surgen son: *¿Se puede conocer a Dios? Si es así, ¿cómo puedo conocerlo? ¿Cómo puedo estar seguro de que realmente lo conozco?*

Algunos sistemas de creencias concluyen que no se puede conocer a Dios. Otros concluyen que el conocimiento de Dios puede ser descubierto solo a través del esfuerzo humano o por el conocimiento secreto que es revelado al individuo. Pero el cristianismo hace la afirmación asombrosa de que Dios realmente puede ser conocido y que lo conocemos solo porque Él se ha dado a conocer. Sin ninguna obligación de hacerlo, en Su inigualable gracia y bondad, Él se ha revelado a nosotros. Su propósito al hacerlo es relacional: para que podamos conocerlo y amarlo. Los teólogos llaman al estudio de la revelación de Dios de sí mismo la doctrina de la revelación.

No pases por alto esta diferencia: el cristianismo identifica todo conocimiento de Dios como conocimiento revelado. No descubrimos a Dios. No tropezamos con Él ni lo buscamos, sino que Él se da a conocer. Él se revela a nosotros. No podemos conocer a Dios a menos que Él se muestre a nosotros al revelarse a sí mismo. Debido a los efectos del pecado, nacemos sin conocimiento de Dios, lo cual nos deja espiritualmente sordos y ciegos. No es a través de nuestros propios esfuerzos, sino solo a través de Su misericordia que podemos conocerlo. ¡Y en Su gran misericordia, Él nos da oídos para oír y ojos para ver!

Ante la pregunta «¿Se puede conocer a Dios?», el cristianismo responde: «Sí. Él se da a conocer a través de la revelación divina».

Debido a que Dios es quien se revela a sí mismo, porque solo Él puede dar vista a los que están espiritualmente ciegos, reconocemos que todo el trabajo teológico es una tarea que debe hacerse en humildad. Todos los demás campos del conocimiento investigan, analizan y suponen. Ellos inician la tarea de descubrimiento. En teología ciertamente estudiamos, trabajamos y exploramos, pero lo hacemos en respuesta a haber recibido la revelación de Dios sobre sí mismo. Los teólogos reciben la revelación que Dios nos da.

Mientras que yo (Jen) escribo, estoy escuchando mi pieza favorita de música clásica. Cuando la escuché por primera vez hace varias décadas, yo no la había buscado. Más bien, me encontró. Fui invitada a un espectáculo en el que me la presentaron y encontré que la experiencia de escucharla era, bueno, reveladora. En los años que han pasado he meditado sobre esta pieza en particular, escuchándola muchas veces, saboreando sus alturas y profundidades, discerniendo sus diferentes instrumentos, aprendiendo sobre su compositor y la razón por la cual fue compuesta. Recibí ese conocimiento y teniendo oídos para oír, desde entonces la he explorado y analizado. El resultado ha sido un aumento del disfrute y una mejor apreciación de su belleza.

Nuestro Dios se revela a nosotros y respondemos a Su belleza, la cual percibimos con claridad, al dedicarnos a esa revelación y nuestra alegría y afecto por Él crecen. O, al menos, así es como debería ir. Pero más sobre eso en un momento. Habiendo afirmado que Dios puede ser conocido porque Él se da a conocer, las siguientes preguntas son: ¿Cómo se da a conocer? ¿Dónde buscamos el conocimiento de Dios?

La revelación de Dios de sí mismo se divide en dos categorías: revelación general y revelación especial.

Revelación general

«Los cielos proclaman la gloria de Dios, y el firmamento anuncia la obra de Sus manos. *Un* día transmite el mensaje al *otro* día, y *una* noche a *la otra* noche revela sabiduría» (Sal. 19:1-2). Estas palabras del salmista resumen lo que los teólogos llaman *revelación general.* En pocas palabras, Dios se da a conocer en lo que hace. Cada vez que contemplas una puesta de sol, cada vez que inhalas el aroma de las flores en la primavera, cada vez que te maravillas con una montaña nevada o los colores vívidos del otoño, no solo estás presenciando la belleza de la creación de Dios; estás presenciando un testimonio de la existencia y naturaleza de Dios. La creación está glorificando y revelando a su Creador. Dios se da a conocer en lo que ha hecho.

Pablo nos da una idea similar cuando nos enseña:

> Porque la ira de Dios se revela desde el cielo contra toda impiedad e injusticia de los hombres, que con injusticia restringen la verdad. Pero lo que se conoce sobre Dios es evidente dentro de ellos, pues Dios se lo hizo evidente. Porque desde la creación del mundo, Sus atributos invisibles, Su eterno poder y divinidad, se han visto con toda claridad, siendo entendidos por medio de lo creado, de manera que ellos no tienen excusa. (Ro. 1:18-20)

Pablo nos dice que los atributos invisibles de Dios, Su poder, Su naturaleza divina, pueden ser percibidos con claridad en la creación del mundo. Pero también nos dice que nuestra respuesta natural es suprimir la verdad de Dios en Su creación. La revelación de Dios a través de la creación es de naturaleza general porque, aunque declara que Él existe, no proclama el camino de la salvación. Es una revelación parcial, es suficiente para establecer nuestra culpa cuando no adoramos a Dios, pero es insuficiente para salvarnos. También es general porque está dirigida a una audiencia general, a todos los humanos. No llegamos a conocer por completo a Dios a través de la revelación general. Pero el problema no radica en la revelación general; sino en la naturaleza de la humanidad. Tomamos las cosas que Dios ha creado y las adoramos como si fueran el Creador. Adoramos lo *hecho* y no al *Hacedor*.

Pablo continúa: «Profesando ser sabios, se volvieron necios, y cambiaron la gloria del Dios incorruptible por una imagen en forma de hombre corruptible, de aves, de cuadrúpedos y de reptiles» (Ro. 1:22-23). Podemos conocer a Dios a través de Su creación, pero ese conocimiento no nos redime; más bien, nos condena. La creación nos da un conocimiento de Dios como Creador, pero necesitamos conocer a Dios como Redentor. Necesitamos un conocimiento que dé nueva vida. Llamamos a ese conocimiento la *revelación especial*.

Revelación especial

A pesar de que todos los seres humanos reciben la revelación general de Dios a través de Su creación, solo algunos reciben la revelación especial. Es «especial» en el sentido de que tiene una audiencia específica (los creyentes) y un propósito específico (la salvación). Dios revela el conocimiento suficiente para la salvación en Cristo y en las Escrituras.

Cristo

Jesús vino a traer la salvación y Él hizo exactamente eso. Pero eso no es todo lo que logró. Él también vino a darnos a conocer a Dios. Jesús nos muestra exactamente cómo es Dios. Él es «la imagen del Dios invisible» (Col. 1:15). Él es la expresión exacta de la naturaleza y el carácter de Dios.

Cuando llegamos a conocer quién es Jesús, llegamos a conocer quién es Dios. Jesús nos muestra exactamente cómo es Dios. Jesús es la verdadera imagen, el reflejo perfecto, la representación exacta de Dios.

El autor de Hebreos afirma: «Dios, habiendo hablado hace mucho tiempo, en muchas ocasiones y de muchas maneras a los padres por los profetas, en estos últimos días nos ha hablado por *Su* Hijo, a quien constituyó heredero de todas las cosas, por medio de quien hizo también el universo. Él es el resplandor de Su gloria y la expresión exacta de Su naturaleza»

(He. 1:1-3). Cuando nos encontramos con Jesús, realmente estamos encontrándonos con Dios. (Más sobre esto en un capítulo posterior.)

Puede ser tentador pensar en Dios de una manera y en Jesús de otra. Nuestra perspectiva de Dios puede ser la de un anciano en el cielo, observando y juzgando con el ceño fruncido, mientras que nuestra perspectiva de Jesús es de una persona mansa, compasiva y tierna. Pero si hacemos una diferencia entre cómo es Dios y cómo es Jesús, no hemos entendido de forma correcta la revelación de Dios para nosotros en Cristo. Si nuestra comprensión de Dios no es consistente con «la expresión exacta de Su naturaleza», es probable que no consideremos un Dios para ser adorado, sino un ídolo para ser asesinado. Dios es *Jesús*.

No solo eso, sino que Dios no puede ser conocido de verdad si es separado de Jesús. Podemos ser capaces de suponer algunos hechos sobre Dios a partir de la revelación general: que Él existe, que Él es poderoso, que Él es creativo. Pero no podemos conocer *personalmente* a Dios excepto a través de Jesús. Jesús no es *una* revelación de Dios; Él es *la* revelación de Dios.

Dios no puede conocerse separado de Jesús, pero Dios se puede conocer perfectamente en Jesús. Si conocemos a Jesús, conocemos a Dios. Pero aquí estamos, con dos mil años de distancia que nos separan del ministerio terrenal de Jesús. Él ya no camina entre nosotros, sino que reina y gobierna en el cielo. Entonces, ¿cómo llegamos a un conocimiento más profundo e íntimo de Él? A través de la revelación especial que se nos da en la Biblia. La Biblia nos revela a Cristo.

¿Qué es la Biblia?

Tomada al pie de la letra, la Biblia es una colección de sesenta y seis libros escritos a lo largo de aproximadamente mil quinientos años, por más de cuarenta autores diferentes. El hecho de que su mensaje sea consistente y haya resistido la prueba del tiempo es evidencia de que sus orígenes y su naturaleza son milagrosos. Ahora pongamos nuestra atención en la doctrina de las Escrituras, que nos da siete categorías para el origen y la naturaleza milagrosos de la Biblia, así como su propósito. La doctrina de las Escrituras afirma que la Biblia es inspirada, autoritativa, inerrante, infalible, clara, necesaria y suficiente.

1. Inspirada: La Biblia, la voz de Dios

Cuando hablamos de la doctrina de la inspiración, no nos referimos a la interpretación clásica de la palabra. La Biblia no está inspirada en la forma en la que lo está una pintura de Rembrandt. No es solo el producto de un momento de gran inspiración. El apóstol Pablo nos dice: «Toda Escritura es *inspirada por Dios* y útil para enseñar, para reprender, para corregir, para instruir en justicia, a fin de que el hombre de Dios sea perfecto, equipado para toda buena obra» (2 Ti. 3:16-17, énfasis añadido). Este es uno de los versículos más importantes de la Biblia *sobre* la Biblia. El término que se traduce como «inspirado» es *theopneustos* o «exhalado por Dios». Es en sí misma una afirmación impresionante. No debemos subestimar la importancia de lo que Pablo nos está diciendo. Pablo está afirmando que la Biblia es la Palabra de Dios, Su voz, Su propio aliento.

En pocas palabras, hay una relación increíblemente estrecha entre Dios y Su Palabra.

Del mismo modo, el apóstol Pedro afirma: «Y *así* tenemos la palabra profética más segura, a la cual ustedes hacen bien en prestar atención como a una lámpara que brilla en el lugar oscuro, hasta que el día despunte y el lucero de la mañana aparezca en sus corazones. Pero ante todo sepan esto, que ninguna profecía de la Escritura es *asunto* de interpretación personal, pues ninguna profecía fue dada jamás por un acto de voluntad humana, sino que hombres inspirados por el Espíritu Santo hablaron de parte de Dios» (2 P. 1:19-21). Esto significa que los sesenta y seis libros de la Biblia son de verdad la Palabra de Dios, en esencia diferente de cualquier otro texto.

La doctrina de la inspiración sostiene que los manuscritos originales son las mismas palabras de Dios, que todas las partes de las Escrituras son igualmente inspiradas y que cada texto también fue escrito por un autor humano. En pocas palabras, *cada texto bíblico tiene dos autores: un autor humano y el Autor divino. Es tanto humano como divino.*

Cada texto tiene un autor humano. Dios podría habernos transmitido Sus palabras a través de cualquier medio. Pero Él eligió hacerlo a través de autores humanos colocando palabras en una página. La autoría humana significa que debemos esperar que Pablo use el lenguaje de manera diferente a Juan y que Moisés escriba de forma diferente a Jeremías. Sus personalidades, sus puntos de vista y su contexto se puede percibir por completo. La Biblia es un documento plenamente humano.

Sin embargo, a diferencia de otros documentos humanos, la Biblia no tiene error. Eso es porque cada texto también es escrito por el Dios trino. Los autores humanos, como Pedro acaba de recordarnos, escribieron mientras eran «inspirados por el Espíritu Santo». La Biblia, de principio a fin, es la Palabra misma de Dios.

La doctrina de la inspiración es *la* doctrina clave para entender lo que es la Biblia. Todo lo que podemos decir sobre lo que es la Biblia fluye de nuestra comprensión de la inspiración. La Biblia es el aliento mismo, la voz misma de Dios. Dado que la Biblia está escrita por Dios, empieza a tomar algunas de las características del autor. Considerando por completo la inspiración, ahora podemos analizar los otros seis atributos de las Escrituras, pues ellos fluyen lógicamente de la afirmación de que Dios es el origen de las palabras que llamamos «la Biblia».

2. Autoritaria: La Biblia, nuestro buen Gobernador

La Biblia, al tener a Dios como su Autor divino, comparte la autoridad de Dios. Tiene el derecho de gobernarnos en todos los asuntos de fe y conducta y tiene la autoridad final sobre la vida y la piedad. Cuando Dios habla, siempre habla con autoridad. La Biblia tiene *autoridad* porque Dios tiene autoridad. Desestimar la autoridad de las Escrituras en cualquier área es no solo desestimar la Biblia sino la autoridad de Dios mismo. La Biblia tiene la misma autoridad que el Dios trino.

La autoridad de la Biblia con frecuencia es motivo de intenso escrutinio y cuestionamiento. La pecaminosidad humana, desde Génesis 3, nos ha llevado a hacer la pregunta: «¿Realmente Dios dijo…?». La autoridad de las Escrituras no es algo que deba ser desafiado, sino asumido. La autoridad de las Escrituras es profundamente para nuestro bien. Es la voz de un Padre amoroso que guía con ternura a Sus hijos a la vida buena. La autoridad de las Escrituras nos conduce a la vida.

Debido a que la Biblia lleva la autoridad de su Autor divino, desobedecer o no creer en la Palabra de Dios es desobedecer y no creerle a Dios. Obedecer y confiar en la Palabra de Dios es obedecer y confiar en Dios.

3. Inerrante: La Biblia, libre de errores

Debido a que su Autor es perfecto, la Biblia también es perfecta o sin error. La doctrina de la inerrancia afirma que la Biblia no contiene errores en todo lo que afirma y enseña. La Palabra de Dios es veraz en todos los aspectos, así como Jesús afirma: «Tu palabra es verdad» (Jn. 17:17). La Biblia es un producto del ministerio del Espíritu Santo y el Espíritu Santo es «el Espíritu de verdad» (Jn. 14:17). Juan también nos enseña que «Dios es Luz, y en Él no hay ninguna tiniebla» (1 Jn. 1:5). Dios no puede mentir y no puede engañar. La Palabra de Dios el Padre es perfecta y verdadera. La Palabra de Dios el Hijo es perfecta y verdadera. La Palabra de Dios el Espíritu es perfecta y verdadera.

Aunque la Biblia es inerrante, nuestra interpretación de ella puede que no lo sea. De hecho, podemos equivocarnos en la interpretación con regularidad si no entendemos o aplicamos reglas sólidas de interpretación. Sin embargo, el error radica en el esfuerzo humano y no en el habla divina.

4. Infalible: La Biblia, la Palabra de Dios que no falla

La inerrancia afirma que la Biblia está libre de error. La infalibilidad afirma que se puede confiar en la Biblia. Debido a que la Biblia contiene las palabras de Dios, es infalible (o no falla) en lo que dice. Lucas 1:37 nos dice que «Pues la palabra de Dios nunca dejará de cumplirse» (NTV). Dicho de otra manera, se puede confiar en la Biblia. J. I. Packer dice que la Escritura es confiable «como una guía que no se engaña y no engaña».[7] Lo que la Biblia llama bueno es bueno y lo que llama malo es malo. Se puede confiar en lo que promete. Lo que relata de la historia realmente ocurrió. Lo que predice sucederá.

El Salmo 33:4 nos dice: «Porque la palabra del Señor es recta, y toda su obra es *hecha* con fidelidad». En un mundo lleno de mentirosos que mienten, la Palabra de Dios solo y siempre habla en integridad. Es creíble en lo que dice. Puede soportar nuestra confianza porque su Autor es confiable y verdadero.

5. Necesaria: La Biblia, la buena provisión de Dios

Aunque la revelación general nos da conocimiento de que Dios existe, en la Biblia se nos da la revelación necesaria para la salvación, la santificación y la relación con Dios. Algo que es fundamental es necesario, indispensable, requerido y esencial. La Biblia es todo esto para nosotros.

La Biblia es necesaria para nuestra salvación porque nos da la historia de la redención que culmina en Cristo, por quien somos salvos. La Biblia es necesaria para nuestra santificación porque nos muestra cómo deben vivir los que son salvos en Cristo, dándonos a conocer el camino de la vida (Sal. 16:11).

En la Biblia se nos da la revelación necesaria para conocer a Dios, con el propósito específico de relacionarnos con Él. Es el lugar al que vamos para conocer a Dios en la tierra. Sin la Biblia estaríamos en completa oscuridad sobre quién es Dios, quiénes somos nosotros, lo que Cristo logró y el gozo de la salvación. La Biblia es necesaria para la vida y la piedad.

6. Suficiente: La Biblia, la provisión completa de Dios

La Biblia no solo provee lo que es necesario para la vida y la piedad, sino que lo hace de manera suficiente. No es una revelación a la que hay que añadirle. En ella tenemos todo lo que necesitamos para conocer a Cristo y seguirlo. Eso no quiere decir que Dios no tenga una relación continua de comunicación y comunión con nosotros a través del Espíritu Santo. Él la tiene. Pero es para decir que en las Escrituras encontramos suficiente provisión para caminar a través de esta vida.

La Biblia nos da todo lo que necesitamos para estar equipados para vivir una vida que sea plenamente agradable a Dios. Si queremos seguir a Dios, si realmente deseamos conocerlo y seguirlo, hacerlo empieza con un conocimiento íntimo de las Escrituras. Es el medio por el cual el Espíritu aplica la verdad a nuestras vidas. El Espíritu Santo nos equipa con la Palabra de Dios y Él nos equipa para conocer la Palabra de Dios.

7. Clara: El mensaje comprensible de Dios

Cualquiera que haya leído el libro de Apocalipsis puede dudar en nuestro último atributo de las Escrituras. La Biblia se nos da con claridad. Ha sido escrita de tal manera que puede ser entendida por el pueblo de Dios. Dios nos ha dado una revelación entendible.

Sin importar nuestro género, edad, experiencia, educación u origen cultural, el Espíritu Santo ha exhalado la Biblia para todos. No necesitas ser un académico para entenderla. No necesitas tener un título para leer la Biblia. Ni siquiera necesitas saber griego o hebreo para entenderla. La Biblia está destinada a revelar con claridad a Dios.

Esto no significa que todos los textos sean igual de fáciles de entender o que sea fácil comprender la Biblia como un todo. Pero donde encontramos falta de claridad, la deficiencia recae en nosotros y no en la Palabra de Dios. Al igual que con todas las áreas de la vida cristiana, obtener una comprensión clara de la Biblia requiere disciplina y el uso de buenas herramientas por parte del alumno. Hacemos nuestro mejor esfuerzo para presentarnos a Dios «aprobado, *como* obrero que no tiene de qué avergonzarse, que maneja con precisión la palabra de verdad» (2 Ti. 2:15). Crecemos en nuestra apreciación de la claridad de la Biblia a medida que crecemos en nuestra capacidad de leerla con diligencia.

¿Qué hace la Biblia?

Ahora que hemos analizado la naturaleza de la Biblia como inspirada, autoritativa, inerrante, infalible, necesaria, suficiente y clara; pongamos nuestra atención en su función. ¿Qué hace la Biblia? No ha de sorprender que lo que la Biblia *hace* se derive lógicamente de lo que la Biblia *es*.

La Biblia está destinada a transformarnos. El Espíritu Santo escribió la Biblia no solo para que pudiéramos *saber cosas,* sino para que pudiéramos *conocer a Dios* y ser transformados por Él. Por la obra del Espíritu, la Biblia hace crecer nuestra relación con el Dios que proclama y nos transforma a la imagen de Cristo. Lo llamamos la doctrina de la iluminación, la cual está estrechamente relacionada y es inseparable de la doctrina de la inspiración. El texto que el

Espíritu Santo inspira es también el texto que el Espíritu Santo emplea para iluminar nuestros corazones y mentes para conocer y amar a Dios. El propósito de la Biblia no es solo para comunicarnos sobre Dios, sino también para tener comunión con Dios. No solo estamos destinados a saber sobre Él, sino a conocerlo.

Es por eso que los predicadores predican y los maestros enseñan. Es por eso que los cristianos practican la lectura regular y la meditación en la Palabra de Dios. Es por eso que nos reunimos para estudios bíblicos, clases de escuela dominical y proclamar la Palabra en la iglesia. Hacemos todas estas actividades no solo para conocer mejor las Escrituras, sino para conocer mejor a Aquel que se da a conocer en las Escrituras.

El Espíritu Santo no ilumina la Escritura en el sentido de que está oscurecida y necesita luz. El Espíritu Santo ilumina nuestros corazones y mentes oscurecidas para que podamos entender y ser transformados por las Escrituras. Dicho de otra manera, el Espíritu Santo sigue diciendo lo que ha dicho. Por lo tanto, la Palabra de Dios es verdaderamente viva y activa. La Biblia no es solo un texto que nos informa, sino un texto que nos transforma. Cuando abrimos nuestras Biblias, el Espíritu Santo se encuentra con nosotros allí. Él no está interesado en que tan solo sepamos más información, sino en que lo conozcamos a Él. ¿Qué hace la Biblia? Nos invita a conocer y amar a Dios.

En la película *El sexto sentido*, tenemos un giro en la trama que revela que los vivos están realmente muertos. En la Biblia encontramos un giro en la trama que restaura a los muertos a la vida. La Palabra viva y activa grita lo que la creación susurra: hay un Dios y estás hecho para estar en comunión con Él. Estas preciosas palabras son, para todos los que las creen, una fuente de pan de cada día y un medio de deleite diario.

Tú eres un teólogo

Reflexiona

1. ¿Cuál ha sido tu experiencia personal con la revelación general? Describe el momento de mayor adoración que hayas tenido observando la naturaleza o estando en un lugar que no fue hecho por el hombre.

2. ¿Cuál de los siete atributos de las Escrituras es más fácil de entender y afirmar? ¿Cuál es el más difícil? ¿Por qué?

3. Al leer este capítulo, ¿qué pasajes adicionales de las Escrituras te vinieron a la mente que apoyan la doctrina de la revelación?

4. ¿Cómo es que tu relación con la Biblia te ha llevado a una relación más profunda con Dios? ¿Qué pasajes son más preciosos para ti? ¿Por qué?

Ora

Escribe una oración agradeciéndole a Dios por haberse dado a conocer, aunque no estaba obligado a hacerlo. Agradécele por haberte transformado de forma específica a través de las Escrituras. Confiesa cualquier duda, falta de disciplina o falta de deseo que puedas tener hacia la lectura de la Biblia. Pídele que esta semana te ayude a ver Su esplendor en la creación y en Su Palabra. Alábalo por el gran regalo de la revelación.

CAPÍTULO 5

¿Quiénes somos?

Antropología: La doctrina de la humanidad

Breve definición: *Todos los seres humanos son criaturas hechas a la imagen de Dios. Tanto hombre como mujer tienen la tarea de representar a Dios ante toda Su creación.*

Sobreviviente. Real Housewives [Amas de casa reales]. *El Bachelor* [El soltero]. Vivimos en una época en la que el atractivo generalizado de los programas de *reality* son un resultado inevitable. Pero en 1998, cuando el género apenas empezaba a surgir, una película profética llamada *El show de Truman* llegó a los cines. Retrataba la vida de Truman Burbank, un hombre que, sin saberlo, vivió toda su vida desde el día en que nació en un televisor gigante con cada aspecto de su vida cuidadosamente guionizado. Truman fue un experimento humano en un *reality show* de televisión con cámara oculta, visto obsesivamente por millones de personas en todo el mundo.

La película apunta magistralmente a nuestro amor por el placer, incluso cuando sabemos que la historia que estamos viendo es, según todas las medidas razonables, falsa. Truman al final descubre el secreto de su existencia. Rechazando la historia falsa, se embarca en un peligroso viaje hasta los límites de su mundo artificial y sale de su existencia en el plató hacia el deslumbrante sol de la realidad. Al fin es un hombre real.

Como sugiere *El show de Truman*, al público le encanta ver la «realidad» porque estamos buscando respuestas a preguntas fundamentales sobre la humanidad: ¿Qué motiva a la gente? ¿Por qué hacen las cosas que hacen? Pero más que eso, los *reality shows* apelan a nuestro deseo de entender a quienes nos rodean para que podamos aceptar nuestras propias preguntas existenciales: ¿Qué me motiva? ¿Por qué hago las cosas que hago?

Llamamos al estudio de la humanidad «antropología», de la palabra griega *ánthropos*, que significa «humano». La doctrina de la antropología establece el valor intrínseco y el propósito esencial de todo ser humano. Antes de dirigir nuestra atención al asunto de la importancia y el propósito humano, tómate un minuto para recordar cómo el asunto de los orígenes afectó nuestra comprensión de la doctrina de las Escrituras. La Biblia, como vemos, fue exhalada por Dios.

Él es su origen. Entendemos la naturaleza y el propósito de la Biblia a la luz de ese origen. La Biblia es inerrante porque Dios está libre de error. La Biblia es relacional porque Dios es relacional y así sucesivamente.

La doctrina de la antropología también está indeleblemente moldeada por el asunto de los orígenes. Job 33:4 dice: «El Espíritu de Dios me ha hecho, y el aliento del Todopoderoso me da vida». Los seres humanos son respirados a la vida por Dios. Él es nuestro origen. Entendemos nuestra naturaleza y propósito a la luz de ese origen. Dios nos forma como criaturas encarnadas. Él nos hace a Su imagen. Él nos da trabajo que hacer. Dado que Él es nuestro Hacedor, Él tiene el derecho de determinar no solo cómo estamos hechos, sino para qué propósito estamos hechos. Debido a que Él es bueno, Su diseño y Su propósito son buenos.

Si estás familiarizado con el relato de la creación en Génesis 1, sabes que dice exactamente eso. En el sexto y último día de la creación, la humanidad es formada a imagen de Dios, tanto hombres como mujeres, y tiene la tarea de dominar y someter la tierra, y Dios dice que Su obra suprema fue *buena en gran manera.*

No te perteneces

«¿Quién soy yo?» es una pregunta que los humanos se han hecho desde que hay humanos. No importa el período de la historia humana, no importa la profesión o la ubicación geográfica, el origen étnico o la edad, todos luchan con el asunto de la identidad. Es una pregunta simple, con respuestas simples y complejas. En el momento cultural en el que vivimos, respondemos a las preguntas de identidad de maneras que indican una negación del asunto de los orígenes. Respondemos subjetivamente, de persona a persona, sin tener noción de haber sido hechos por Alguien, el uno para el otro, para un propósito particular. En nuestro análisis de la revelación general, aprendimos que toda la humanidad tiene suficiente conocimiento de Dios para reconocerlo como Creador. La autodeterminación es fundamentalmente una negación de nuestra relación Creador-criatura. Cree que la identidad se logra, no se recibe.

Esto es exactamente lo que la serpiente les prometió a los dos primeros portadores de la imagen. No te concentres en lo que te han dado; concéntrate en lo que se te ha retenido. No lo hagas a Su manera. Hazlo a tu manera. Él te está ocultando cosas buenas. *Cosas muy buenas.*

Pero como lo confirmaría la historia humana, la autodeterminación es autoengaño. Promete libertad, pero produce esclavitud. Lo reconozcamos o no, las partes más elementales de nuestra identidad se reciben, no se logran. Nuestra identidad está arraigada en cómo Dios nos hizo y en lo que Dios dice sobre nosotros, no en lo que hacemos de nosotros mismos. Las implicaciones de esto son enormes.

Dios es el Creador, nosotros somos Sus criaturas

Todos hemos escuchado la historia del afortunado hombre que busca oportunidades en tiendas de segunda mano y que compró una pintura por diez dólares, solo para descubrir que era un Rembrandt que valía millones. Sabemos por experiencia humana que el valor de algo está ligado a su creador. Si no consideramos el origen, le asignaremos un valor equivocado y le asignaremos el propósito equivocado. Lo mismo es cierto para los seres humanos. Así como un Rembrandt no pertenece a la pared trasera de una tienda de segunda mano a un precio de ganga, los seres humanos solo pueden entender su identidad y propósito cuando entienden su origen.

El salmista declara: «Sepan que Él, el SEÑOR, es Dios; Él nos hizo, y no nosotros *a nosotros mismos*; pueblo Suyo *somos* y ovejas de Su prado» (Sal. 100:3). En nuestra discusión de la doctrina de Dios, vimos que Juan Calvino sostuvo que la identidad de Dios y nuestras identidades están irrevocablemente entrelazadas. Él afirma: «Casi toda la sabiduría que poseemos, es decir, la sabiduría verdadera y sana, consta de dos partes: el conocimiento de Dios y de nosotros mismos». La postura de Calvino nos libera de la carga de crear una identidad para nosotros mismos al señalarnos una identidad que se encuentra principalmente en quien nos creó. Para entender nuestra identidad de la manera más profunda posible, tenemos que ver nuestro origen.

Inmediatamente después de reconocer que Dios es nuestro Creador, obtenemos conocimiento de nosotros mismos (y de todo lo demás que podemos percibir) como *creados*. La Escritura empieza con la declaración: «En el principio creó Dios los cielos y la tierra» (Gn. 1:1). Todo lo que existe, aves, plantas, montañas, animales, seres espirituales y humanidad, todas las cosas encuentran su origen en Dios. Todas las cosas creadas deben su existencia a su Creador. Dios es el Creador y nosotros somos Su creación. La primera distinción que hace la Biblia es entre el Creador y Su creación. Cuando perdemos de vista esta distinción, pecamos como los que Pablo describe en Romanos 1: adoramos a la creación en lugar de Aquel que la hizo.

Como seres humanos, estamos llamados a abrazar nuestra humanidad y nuestra condición de criaturas. Ser humano es ser una criatura y ser una criatura es estar sujeto a límites. Dios es ilimitado y nosotros somos limitados. No nos gusta esto. Cuando nos oponemos a nuestros límites naturales, estamos negando que somos criaturas. Cuando creemos que somos autodeterminados y autogobernados, robamos la gloria y la autoridad que se le deben a Dios.

Somos portadores de imagen

Todas las cosas creadas le deben su existencia a su Creador. Pero Su trabajo creativo del día seis es claramente diferente del trabajo de los días anteriores. En ese día, la humanidad es creada de manera diferente de las aves y las bestias y las rocas y los mares. La humanidad es creada a imagen de Dios:

> Y dijo Dios: «Hagamos al hombre a Nuestra imagen, conforme a Nuestra semejanza; y ejerza dominio sobre los peces del mar, sobre las aves del cielo, sobre los ganados, sobre toda la tierra, y sobre todo reptil que se arrastra sobre la tierra».
>
> Dios creó al hombre
> a imagen Suya,
> a imagen de Dios lo creó;
> varón y hembra los creó.
> (Gn. 1:26-27)

Aunque compartimos algo en común con el resto de la creación, es decir, que no somos Dios, nos distinguimos del resto de la creación de Dios en un aspecto importante. No hay nada más en la creación que lleve la identidad o el propósito de ser portador de Su imagen.

La humanidad no solo *tiene* la imagen de Dios, como si fuera algo accidental o algo que podemos perder; los humanos *son* la imagen de Dios. Llevar la imagen no es algo secundario al ser humano, sino que es fundamental. Llevar la imagen de Dios está en el centro de cada ser humano.

Pero ¿qué significa llevar la imagen de Dios? ¿Significa que nos parecemos a Él? ¿Cómo podemos parecernos a un Dios invisible? Llevar la imagen de Dios significa que los humanos reflejan lo que es cierto sobre un Dios infinito en forma humana limitada. Las consecuencias del pecado han oscurecido la imagen de Dios en nosotros. No lo reflejamos de la manera en que fuimos creados para hacerlo. Pero para entender cómo fuimos creados para «parecernos», podemos ver a Cristo, el portador perfecto de la imagen. Jesús nos muestra cómo luce reflejar perfectamente la imagen de Dios en forma humana limitada.

El concepto de portar la imagen no es exclusivo de la cosmovisión bíblica. Otras culturas antiguas creían que los humanos podían llevar la imagen de un dios. Creían que humanos específicos llevaban la imagen de los dioses y fueron elegidos de manera única para reinar y gobernar en nombre de sus dioses. Sin embargo, la imagen se limitaba a cierto tipo de personas: reyes y reinas. En el mundo antiguo, la imagen y la dignidad divina estaban reservadas solo para la realeza.

Se pensaba que el faraón del relato de Éxodo era la imagen viva del dios sol *Ra* y era adorado como tal. En los días de Jesús, el emperador Tiberio era adorado como un dios. La declaración habitual de «César es Señor» fue pronunciada para reforzar su conexión con la deidad.

Portar la imagen era un estatus privilegiado en la antigüedad y aún lo es en los tiempos modernos. Si bien las cosmovisiones contemporáneas tal vez no usen la terminología de «portadores de imágenes», los humanos modernos no están menos inclinados a dignificar solo a ciertos tipos de humanos. Elevamos un género, grupo étnico, edad demográfica, estatus socioeconómico o estándar de belleza como más merecedor de dignidad que otro.

En contraste, la Biblia se opone a la dignidad condicional y, en cambio, la democratiza. En lugar de reservar la dignidad de la imagen para unos *pocos*, la proclama para *todos* los seres humanos. La Biblia pronuncia un «no» inequívoco a cualquier forma de dignidad condicional. La imagen de Dios no se limita de ninguna manera a un tipo particular de humano. Todos los seres humanos están dotados de dignidad por parte de Su Creador. De ahí las numerosas advertencias de la Biblia en contra del favoritismo. Cuando entendemos que cada ser humano tiene un valor intrínseco debido al origen y al diseño, nos equipamos mejor para amar a nuestro prójimo como a nosotros mismos.

No existe tal cosa como la condicionalidad para llevar Su imagen y eso significa que no existe tal cosa como la dignidad condicional. Llevar Su imagen no se basa en la utilidad. Llevar

Su imagen no se basa en la capacidad. Llevar Su imagen no se basa en la productividad o en la contribución. Llevar Su imagen significa que todos los seres humanos, independientemente de sus diferencias sociales, intelectuales o físicas, están dotados de dignidad, valía y valor divinos. Cada persona que has conocido lleva la imagen de Dios.

De todas las personas, los cristianos tienen la oportunidad y la responsabilidad de reconocer y defender la dignidad de todas las personas. En un mundo que busca deshumanizar, los cristianos están llamados a rehumanizar a todas las personas. Rehumanizamos a nuestros vecinos. Rehumanizamos a los oprimidos. Rehumanizamos a nuestros enemigos políticos. Rehumanizamos al incrédulo y al oponente de nuestra fe. La Biblia invita a los cristianos a ver a la humanidad como «nosotros» y no como «otros», y también lo vemos en el ejemplo de Cristo.

Nuestros cuerpos importan

Dios podría habernos hecho para llevar Su imagen de cualquier forma que Él eligiera. Su elección soberana fue que debíamos hacerlo en un cuerpo físico. Somos seres físicos y seres espirituales, tenemos cuerpos y tenemos almas. Es así como somos diferentes de otras criaturas vivientes, de las plantas, de las aves y sí, (respira profundo) incluso de nuestras queridas mascotas. La humanidad es el lugar donde lo material y lo espiritual se unen.

No todas las cosmovisiones tienen un énfasis doble en lo espiritual y en lo material. Algunos enfatizan la naturaleza espiritual de la humanidad en detrimento de la física. En la historia del discurso teológico, esta postura se conoce como *gnosticismo*. El gnosticismo sostiene que los humanos no son sus cuerpos, sino tan solo sus almas. Una persona es un alma que en la actualidad está alojada en un cuerpo. El cuerpo es un complemento desafortunado que con suerte será descartado algún día.

Otras cosmovisiones enfatizan la naturaleza física de la humanidad en detrimento de lo inmaterial. Esta postura se llama *materialismo*. Según los materialistas, los humanos no tienen almas o partes inmateriales, sino que pueden explicarse por completo a través de la materia física. Un énfasis excesivo en la naturaleza física de los humanos conduce a la opinión de que no somos más que nuestros cuerpos. Una vez que nuestros cuerpos se deterioran y mueren, ya no existimos.

Por el contrario, la Biblia enseña que somos nuestros cuerpos y somos nuestras almas. Como portadores de Su imagen, todos los seres humanos son tanto cuerpo como alma, cada parte es esencial para lo que significa ser un humano.

Cuerpos y almas, masculinos y femeninos

Un área clave donde esta dicotomía cuerpo y alma informa a la teología cristiana es en relación con el género y la sexualidad. La unión de lo que somos en el interior a lo que somos en el exterior es el trabajo de nuestro buen Creador. Y nuestro buen Creador ha ordenado que Su imagen sea revelada a través de hombres como de mujeres. La Biblia sostiene la importancia de nuestra humanidad compartida así como de nuestra sexualidad diferenciada.

Primero, considera la diferencia de que tanto hombres como mujeres llevan la imagen de Dios. Como vimos en Génesis 1:27, «Dios creó al hombre a imagen Suya, a imagen de Dios lo creó; varón y hembra los creó». Tanto el hombre como la mujer comparten por igual el estatus de portadores de la imagen divina. En el siguiente capítulo de Génesis, se nos da aún más información sobre el estado compartido como portadores de Su imagen.

Hemos visto la historia de Adán nombrando a los animales como un ejemplo de orden y taxonomía. Ahora revisemos esa historia para ver lo que nos dice sobre hombres y mujeres, ambos hechos a imagen de Dios:

> Y el Señor Dios formó de la tierra todo animal del campo y toda ave del cielo, y *los* trajo al hombre para ver cómo los llamaría. Como el hombre llamó a cada ser viviente, ese fue su nombre. El hombre puso nombre a todo ganado y a las aves del cielo y a todo animal del campo, pero para Adán no se

> encontró una ayuda que fuera adecuada para él. (Gn. 2:19-20)

Observa el aprendizaje que obtenemos al ver a Adán dándole nombre a los animales: no hay otra criatura *como él.* Aunque cada animal que nombra tiene otros según su especie, él no los tiene. Las otras criaturas tienen a su compañero correspondiente, pero no hay un compañero correspondiente para Adán. No hay un ayudante adecuado para él. Su trabajo de taxonomía nos revela la cruda realidad de que está profundamente solo. No tiene un compañero para la misión que Dios le ha dado.

Adán se da cuenta de que hay una diferencia entre él y cualquier otra criatura, no solo en nivel sino en especie. Le falta un co-portador de imagen, un aliado necesario. Pero Dios tiene lista la solución:

> Entonces el Señor Dios dijo: «No es bueno que el hombre esté solo; le haré una ayuda adecuada». [...] Entonces el SEÑOR Dios hizo caer un sueño profundo sobre el hombre, y *este* se durmió. Y *Dios* tomó una de sus costillas, y cerró la carne en ese lugar. De la costilla que el SEÑOR Dios había tomado del hombre, formó una mujer y la trajo al hombre. Y el hombre dijo:

> «Esta es ahora hueso de mis huesos,
> Y carne de mi carne.
> Ella será llamada mujer,
> Porque del hombre fue tomada».
>
> (Gn. 2:18,21-23)

Observa la primera respuesta de Adán cuando conoce a Eva. Él no exclama cuán diferente es ella de él en su sexualidad, aunque hay diferencias importantes. Su primera respuesta es decir que ella es *como él.* ¡Por fin! Hueso de mis huesos. ¡Por fin! Carne de mi carne. Adán recibe el regalo de Eva, alguien que es como él. Comparten una similitud importante y fundamental: ambos llevan la imagen de Dios.

Pero no es solo su similitud lo que soluciona la frase «no es bueno» de Génesis 2:18. También es la diferencia entre sí. Génesis 1:27 articula tanto la igualdad como la diferenciación: la humanidad está hecha a imagen de Dios, pero la humanidad también se distingue como hombre y mujer. Aunque los hombres y las mujeres comparten más en común que lo que los separa: la igualdad en personalidad, misión compartida y como portadores de la imagen divina, no son intercambiables. El hombre es hombre y la mujer es mujer.

Esta diferenciación es lo que les permitirá asociarse en su propósito. A los primeros humanos se les dice: «Sean fecundos y multiplíquense. Llenen la tierra y sométanla» (Gn. 1:28).

Sin hombre y mujer, la misión de multiplicación no puede cumplirse.

Así como fue en el jardín, así también es hoy. Cada individuo, hombre o mujer, es creado a imagen de Dios. A cada individuo se le da un cuerpo que es diferenciado por el sexo. La humanidad no puede llevar la imagen de Dios a la próxima generación sin la contribución de ambos sexos. Cuando distorsionamos, pasamos por alto o borramos la sexualidad humana como Dios la creó, participamos en el intento de anular el orden que Dios ha creado.

Como Pablo señala en Romanos 9, somos vasijas modeladas por el alfarero. En lugar de preguntar: «¿Por qué me hiciste así?», nos sometemos a Su sabiduría y conocimiento que son infinitamente superiores, confiando en Sus buenos propósitos al darnos el cuerpo físico que se nos ha dado.

Hecho para representar, hecho para ejercer dominio

Dios nos crea a Su imagen, hombre y mujer. Él nos da una identidad. Pero Él también nos da un propósito. Una misión. Una tarea. Pero ¿cuál es?

La Biblia nos dice que el propósito de la humanidad es representar a Dios ante toda la creación. Inmediatamente después de «hagamos al hombre a Nuestra imagen», escuchamos este propósito articulado:

> «y ejerza dominio sobre los peces del mar, sobre las aves del cielo, sobre los ganados, sobre toda la tierra, y sobre todo reptil que se arrastra sobre la tierra». (Gn. 1:26)

Primero se anuncia la misión sobre ellos; luego se les dice a ellos:

> Dios los bendijo, y Dios les dijo: «Sean fecundos y multiplíquense. Llenen la tierra y sométanla. Ejerzan dominio sobre los peces del mar, sobre las aves del cielo y sobre todo ser viviente que se mueve sobre la tierra». (Gn. 1:28)

El propósito de la humanidad es extender la gloria de Dios a toda la creación. Así como su dicotomía cuerpo/alma los distingue del resto de la creación, también lo hace su llamado. El mandato de Dios a los primeros humanos se conoce como el «mandato cultural». Un *mandato* es tan solo una orden. La palabra *cultural* se usa en el mismo sentido que una perla cultivada artificialmente versus una perla de río. Las perlas cultivadas de forma artificial han sido moldeadas intencionalmente para ser redondas versus las asimétricas. Por lo tanto, el término *mandato cultural* significa «un mandato para ordenar lo que está desordenado».

Cuando Dios le da el mandato cultural a la humanidad, la invita a unirse a Él en la obra que ha empezado en los seis días de la creación: ordenar el caos. El Dios que ha ordenado a existencia la luz y las tinieblas, el mar y la tierra seca, las plantas y los animales, ahora encarga a aquellos que lo reflejan en su encarnación que lo reflejen en Su llamado.

Este trabajo o llamado exclusivo no se le da a nadie más en la creación de Dios sino solo a la humanidad. En el mandato cultural, la humanidad es comisionada por Dios mismo para dominar Su creación, la tierra, el mar, el aire; y para representar Su gloria a todos. Los seres humanos llevan la imagen de Dios a su trabajo al ordenar lo que está desordenado. Esto significa que incluso las tareas más mundanas pueden ser impregnadas con un significado sobrenatural: hacer trabajos de jardinería, crear un sistema de archivo, cambiar un pañal, limpiar el piso de una cocina, hacer una lista de compras. Cada acto que ordena es un acto que gobierna.

La Biblia presenta a Dios como Rey sobre toda Su creación. Pero también presenta a la humanidad como virreyes o mini reyes y reinas, a través de los cuales Dios extiende Su autoridad a Su creación. Ser un portador de imagen es ser de la realeza, pero realeza con un propósito. La tarea de la humanidad es representar a Dios extendiendo Su gobierno soberano y misericordioso a todo lo que Él ha hecho. Nuestra representación de Él es para Su gloria, no para la nuestra. Cada acto de gobierno por un portador de Su imagen está destinado a reflejar a Dios, no a entrar en rivalidad con Él. No fuimos creados para ser constructores de Babel, buscando nuestra propia gloria. En todo nuestro trabajo, trabajamos como para el Señor.

Esto es exactamente lo que Cristo hizo. Cualquier conversación sobre llevar la imagen que no termine con Jesucristo es insuficiente. «Él es la imagen del Dios invisible, el primogénito de toda la creación» (Col. 1:15). «Él es el resplandor de Su gloria y la expresión exacta de Su naturaleza» (He. 1:3). Los seguidores de Cristo están siendo conformados a la imagen de Cristo (Ro. 8:29). Jesús es el verdadero portador de la imagen, quien gobierna perfectamente en nombre de Dios y lo representa perfectamente. Aunque la imagen fue oscurecida en nosotros por el pecado, se está volviendo nuevamente más y más clara a medida que nos hace cada vez más y más parecidos a Jesús. A medida que crecemos en nuestra santificación, vemos la imagen de Dios resurgir de la oscuridad. Empezamos a volvernos cada vez más humanos, como fuimos creados para ser.

Al igual que Truman Burbank, todos nacimos en un mundo donde la verdad está ahí afuera, aunque ha sido oscurecida de nuestra vista por una realidad construida. A diferencia de Truman, se nos dice que nos convirtamos en prisioneros voluntarios de nuestra propia realidad construida. Se nos dice que vivamos nuestra propia verdad individual, que nos definamos nosotros mismos. La Biblia nos llama a ir más allá de todas las falsas narrativas disponibles de quiénes somos y por qué estamos aquí. Pero el acto de redescubrimiento puede ser doloroso como costoso. Una doctrina bíblicamente informada de la humanidad es impugnada en nuestra sociedad quizás más que cualquier otra doctrina que estudiaremos. La hostilidad aguarda por cualquiera que abiertamente viole la ortodoxia civil con respecto al género, la raza y cualquier otro tema de identidad.

«En un tiempo que me grita que viva mi verdad, las Escrituras me dicen con calma que mi verdad, autodeclarada y autodefinida, es una mentira».[8] Pero la verdad de mi Creador trasciende. La verdad de Mi Creador perdura. Es un ancla en un mundo sacudido por la tormenta, golpeado de un lado a otro en las olas de una cultura pasajera. La doctrina de la antropología nos recuerda que no nos pertenecemos. Otro ha diseñado nuestra estructura. Otro ha trazado nuestro rumbo. Él es confiable y verdadero. A la luz de Su verdad, finalmente nos convertimos en los seres humanos que fuimos creados para ser.

Tú eres un teólogo

Reflexiona

1. Somos criaturas y las criaturas tienen límites. ¿Cuáles son algunas de las formas en que actualmente estás experimentando tus limitaciones? ¿En qué áreas de tu vida te invita Dios a aceptar tus límites?

2. La historia humana demuestra que estamos propensos a no ver la dignidad de cada portador de imagen. ¿Por qué crees que es así?

3. ¿A quién estás más tentado a quitarle valor? ¿Por qué? ¿Quién es más fácil de valorar para ti? ¿Por qué?

4. En tu propia experiencia de la dicotomía cuerpo/alma, ¿qué aspecto tiendes a enfatizar más?

5. ¿Qué aspecto de tu trabajo diario no has percibido como una oportunidad para reflejar la gloria de Dios debido a su naturaleza mundana? ¿En qué área de tu trabajo diario estás más propenso a buscar tu gloria?

Ora

Escribe una oración alabando a Dios por Su obra creativa al hacer que los seres humanos lleven Su imagen. Confiésale cuando la perspectiva de tu propio valor o del valor de los demás no haya estado a la altura de lo que debería. Alábalo porque tus labores diarias no son una obligación, sino un esfuerzo con trascendencia eterna. Pídele que exponga el favoritismo en tu corazón, que te dé gozo en tu trabajo y relaciones, y que fije tus ojos en Cristo. Agradécele por enviar a Jesús para mostrarnos lo que significa llevar Su imagen y abrir un camino para que seamos restaurados.

CAPÍTULO 6

¿Qué salió mal?

Hamartiología: La doctrina del pecado

Breve definición: *La humanidad, creada a imagen de Dios para representarlo, peca y se rebela contra Él, lo cual resulta en exilio, depravación y muerte.*

«Houston, tenemos un problema». Sin duda, estas no eran las palabras por las que el astronauta Jim Lovell quería ser recordado. Siguiéndole los pasos a dos aterrizajes anteriores y exitosos en la Luna, él y la tripulación del *Apolo 13* esperaban con ansias su propia misión exitosa, pero cuando un tanque de oxígeno falló, el plan tuvo que ser desechado.

Las breves palabras de Lovell al centro de control se hicieron famosas porque fueron muy moderadas frente a lo que en realidad estaba ocurriendo. La tripulación aún no entendía todas las consecuencias de la falla catastrófica del tanque, pero pasarían los próximos días luchando por sus vidas, aprendiendo las consecuencias y tratando de volver a casa.

En solo tres capítulos, la Biblia presenta una historia de fracaso catastrófico. Una serpiente aparece en un jardín, el cual estaba muy ordenado, con un plan alternativo al que Dios había puesto en su lugar. Los dos primeros humanos intercambian la verdad de Dios por una mentira. Aunque fueron creados como portadores de la imagen real de Dios y fueron comisionados para reinar y gobernar como Sus representantes, intercambiaron la sumisión por el autogobierno. En lugar de engrandecer el nombre de Dios, eligieron hacerse un nombre por sí mismos. En lugar de trabajar construyendo el reino de Dios, eligieron edificarlo en sus propios términos. En respuesta, Dios articula las consecuencias trágicas de su pecado y rebelión. De nuestro pecado y rebelión: exilio, depravación y muerte.

Humanidad, tenemos un problema. El resto de la Biblia y de hecho, el resto de la historia humana será una historia donde se considerarán las consecuencias de la catástrofe del pecado, buscando una manera de llegar a casa.

Génesis 3 hace y responde preguntas con las que todos los humanos deben lidiar: ¿Por qué el mundo está lleno de sufrimiento e injusticia? ¿Qué salió mal? ¿Y qué tan grave es el problema?

En la teología cristiana, estas preguntas se abordan en la doctrina del pecado. Llamamos al estudio de la doctrina del pecado «hamartiología», de la palabra griega *hamartía*, que significa «pecado». La doctrina del pecado examina nuestra rebelión contra Dios y sus consecuencias: el exilio, la depravación y la muerte.

¿Qué salió mal?

Rebelión

Puedes estar familiarizado con las palabras de Romanos 3:23: «Por cuanto todos pecaron y no alcanzan la gloria de Dios». Los eventos de Génesis 3 narran esa caída. Nos dan una definición práctica del pecado. Tendemos a pensar en el pecado simplemente como «hacer algo mal». Pero Génesis 3 nos muestra que el pecado es rebelión y el pecado es relacional.

Adán y Eva no ignoraban los mandamientos de Dios. En Génesis 2, Dios ordena a los portadores de Su imagen: «De todo árbol del huerto podrás comer, pero del árbol del conocimiento del bien y del mal no comerás, porque el día que de él comas, ciertamente morirás» (Gn. 2:16-17). Este mandamiento de Dios era para nuestro bien, pero solo un capítulo después la humanidad empieza a buscar el bien fuera del mandato del Señor.

En Génesis 3 aprendemos que una serpiente astuta entra en el jardín del Edén para engañar a la humanidad. La serpiente los convence de que lo que Dios dijo no era realmente para su bien. Que Dios les estaba ocultando algo. La serpiente convence a la humanidad de comer del árbol del que Dios les ordenó que no comieran. La serpiente contradice la Palabra del Señor y los humanos escuchan la palabra de la serpiente.

El pecado es rebelarse en contra de Dios y de Su orden creado. El pecado es creer que Dios es tonto y nosotros somos sabios. Escuchar la Palabra del Señor nos conforma a la imagen de Dios. Escuchar la palabra del mentiroso nos conforma a la imagen de la serpiente. El pecado es afectos desordenados y conocimiento distorsionado. No amamos lo que es hermoso y no sabemos lo que es bueno. No nos parecemos ni vivimos como aquellos hechos a la imagen de Dios.

La Biblia relata nuestra decisión traidora: «Cuando la mujer vio que el árbol era bueno para comer, y que era agradable a los ojos, y que el árbol era deseable para alcanzar sabiduría, tomó de su fruto y comió. También dio a su marido que estaba con ella, y él comió» (Gn. 3:6).

El pecado es rebelión porque eleva nuestra voluntad por encima de la de Dios. Está buscando un llamado mejor y una tarea mejor, fallando en formas trágicas al darse cuenta de que Dios ya nos ha dado el llamado y la tarea más grande que podríamos tener. En lugar de abrazar nuestro llamado y tarea correcta, queríamos algo más. Elegimos la rivalidad en lugar de la representación, colocándonos en el trono, en lugar de venerar y representar a su legítimo ocupante.

Exilio

El pecado es relacional porque impacta nuestra relación con Dios, con nosotros mismos y entre nosotros e incluso con la creación como un todo. Nos separa de nuestro Hacedor, oscurece nuestra identidad y frustra nuestro propósito común de cumplir con el mandato cultural. A raíz de su desastrosa decisión, Dios los confronta y les revela las consecuencias de su rebelión: dolor en la maternidad, sudor y espinas en el trabajo de cultivo, competencia en lugar de colaboración y un retorno al polvo del que habían sido formados. Y exiliarse de Su presencia:

> Entonces el SEÑOR Dios dijo: «Ahora el hombre ha venido a ser como uno de Nosotros, conociendo ellos el bien y el mal. Cuidado ahora, no vaya a extender su mano y tome también del árbol de la vida, y coma y viva para siempre». Y el SEÑOR Dios lo echó del huerto del Edén, para que labrara la tierra de la cual fue tomado. Expulsó, pues, al hombre; y al oriente del huerto del Edén puso querubines, y una espada encendida que giraba en

> todas direcciones para guardar el camino del árbol de la vida. (Gn. 3:22-24)

Dios usa el exilio para recordarles que hay un hogar que anhelan. Los seres humanos que fueron hechos para disfrutar de la presencia de Dios son expulsados de la presencia de Dios.

Alejados. Expulsados. Ahí es donde estamos. Las consecuencias de nuestro pecado son la vida sin Dios. Trabajando la tierra sin Él, buscando vida fuera de Él. En las líneas finales y devastadoras de Génesis 3, la humanidad es expulsada de la presencia de Dios.

El exilio no es solo un evento que sucede una sola vez, sino que es un patrón que continúa a lo largo de la historia de las Escrituras. La historia de Israel está marcada por el desierto, el exilio y Babilonia: la vida en el mundo de Génesis 3 es la vida al este del Edén. Todos estamos exiliados, buscando y anhelando la presencia de Dios. Incluso la iglesia del Nuevo Testamento es un grupo de expatriados elegidos (1 P. 1:1). Fuimos hechos para disfrutar de la presencia de Dios y nuestra única esperanza es que Dios venga y acabe con nuestro exilio y nos bendiga con Su presencia nuevamente.

¿Qué tan malo es?

No podemos comprender completamente el impacto del pecado sin el marco de cómo eran las cosas antes de que el pecado entrara en escena. Solo con una comprensión clara de la belleza y el orden de Génesis 1 y 2 podemos entender correctamente el horror y la devastación de Génesis 3. El recuerdo de la perfección del Edén es lo que alimenta nuestro anhelo de que todas las cosas se hagan nuevas.

Piensa por un momento en las historias trágicas que conoces o has experimentado personalmente. Ahora piensa en las que has oído en tu iglesia. En tu comunidad. En tu país. En el mundo durante las últimas dos semanas. En el mundo durante los últimos cien años, quinientos años, dos mil años. Cada tragedia encuentra el inicio de su historia en Génesis 3. Cada fracaso humano, cada promesa rota, cada palabra errante, cada acto engañoso, cada abuso, cada crimen atroz, cada acto de negligencia, cada error judicial, cada comportamiento oscuro se remonta a la caída en Génesis 3. Enfermedad, dolencia, pobreza, enfermedad mental, hambruna, guerra. Después de dos capítulos en el paraíso: de portar Su imagen, de dignidad, de valor, de propósito, nos enfrentamos a una tragedia universal y catastrófica.

Es difícil imaginar una caída más trágica. Estábamos destinados a poner orden en el caos, pero en cambio trajimos el caos al orden de Dios.

El pecado de nuestros padres Adán y Eva afectó a los humanos, pero también afectó cada parte de la creación. Dios le dice a Adán: «Maldita será la tierra por tu causa» (Gn. 3:17). Pablo habla de la naturaleza generalizada de esta maldición:

> Porque la creación fue sometida a vanidad, no de su propia voluntad, sino por causa de Aquel que la sometió, en la esperanza de que la creación misma será también liberada de la esclavitud de la corrupción a la libertad de la gloria de los hijos de Dios. Pues sabemos que la creación entera gime y sufre hasta ahora dolores de parto. (Ro. 8:20-22)

Al observar la decadencia y la desolación que hay a nuestro alrededor en el orden creado, podemos ver que realmente necesitamos nuevos cielos y una nueva tierra.

Los obstáculos y las limitaciones que enfrentamos impiden que hagamos un buen trabajo. La tristeza y el sufrimiento que enfrentamos nublan nuestra satisfacción. La envidia y la enemistad que enfrentamos corrompen nuestra comunión unos con otros. La decadencia y la desolación ahora corroen nuestro panorama.

En Adán, todos mueren

Pero ¿por qué el pecado de Adán y Eva es nuestro problema? ¿Por qué las consecuencias de su pecado no se detienen en ellos? La Biblia describe el pecado de Adán y Eva no solo como *suyo* sino también como *nuestro*. El pecado original no pertenece solo a Adán y a Eva, sino a todos nosotros. ¿Cómo es posible esto? Pablo lo enfatiza en su carta a los Romanos: «Por tanto, tal como el pecado entró en el mundo por medio de un hombre, y por medio del pecado la muerte, así también la muerte se extendió a todos los hombres, porque todos pecaron» (Ro. 5:12). La muerte entró al mundo a través de la desobediencia, nuestra desobediencia en Adán. Estuvimos allí. Fuimos cómplices. También participamos.

No nos gusta la idea de Adán como nuestro representante. Nos decimos a nosotros mismos que no debemos ser responsables de su error. Pero si Dios es realmente soberano y bueno, entonces Su elección de Adán para este papel fue la mejor opción. Fue un representante elegido en justicia, a pesar del resultado. Podemos saber que, si hubiéramos estado en ese jardín, el resultado habría sido el mismo. De lo contrario, hemos sido tratados injustamente en cuanto a nuestra representación.

Depravación

La doctrina de la depravación total enseña que nuestra naturaleza, la naturaleza humana, sufrió una transformación fundamental en la caída de Adán y Eva. El pecado es contagioso y todos hemos sido infectados. El término *depravación total* no significa que somos totalmente depravados en nuestros pensamientos o comportamientos, sino que el pecado infecta todos los aspectos de nuestro ser. Debido al pecado de Adán, todos los seres humanos nacen predispuestos al pecado. No nacemos moralmente neutrales. Todavía nacemos como portadores de Su imagen, pero nacemos «en Adán» (1 Co. 15:22), con una naturaleza distorsionada que conduce inexorablemente a un comportamiento pecaminoso. Para decirlo de una manera un poco distinta, pecamos no solo por nuestra crianza sino por nuestra naturaleza.

Nacemos en Adán, pero la nueva vida viene de nacer de nuevo en el segundo Adán: Cristo. «Porque así como en Adán todos mueren, también en Cristo todos serán vivificados» (1 Co. 15:22). La caída destruye nuestra capacidad de no pecar. La cruz la restaura.

El teólogo del siglo IV, Agustín, nos da categorías útiles sobre cómo nos relacionamos con el pecado a través de diferentes épocas en la historia redentora:

Humanidad pre-caída	Humanidad post-caída	Post-Conversión	Después del regreso de Cristo
Capaz de no pecar	No puede no pecar	Capaz de no pecar	No puede pecar

- **Antes de la caída**: En el jardín del Edén, Dios creó todas las cosas buenas. Eso incluye nuestra naturaleza. Adán y Eva tenían una naturaleza que era capaz de obedecer a Dios y no pecar.
- **Después de la caída**: Después de la caída, Adán y Eva y toda su familia (incluyéndonos a nosotros) nacemos con una naturaleza pecaminosa. Esto no significa que lo único que hacemos es pecar todo el tiempo, sino que significa que no podemos caminar en perfecta obediencia debido a nuestro estado depravado.
- **Después de la conversión**: Parte de las buenas nuevas del evangelio es que después de la muerte, sepultura y resurrección de Cristo, Él nos envía a Su Espíritu. No solo nuestro pecado es perdonado, sino que nuestra naturaleza está siendo restaurada. El Espíritu no solo nos concede la vida

eterna, sino que también nos da poder para vivir vidas santas. Todavía no obedecemos perfectamente, pero la presencia del Espíritu significa que hemos sido empoderados, a través del evangelio, para vivir vidas de obediencia.

- **En el reino**: Llegará un día en que Jesús hará nuevas todas las cosas. Ya no viviremos en un mundo roto y nuestra naturaleza pecaminosa será completamente restaurada. El pecado y la muerte ya no existirán.

Muerte

Las consecuencias de nuestra rebelión no son solo el exilio y la depravación, sino que también la muerte espiritual y física es muy real. Dios le ordena a Adán que no coma del árbol en el jardín para que no muera (Gn. 2:17). Cuando se miraban el uno al otro tan pronto comieron el fruto, cuando inhalaban y exhalaban, Adán y Eva podrían haber creído que la serpiente era la que decía la verdad. Pero la Palabra de Dios no falla. Las genealogías de Génesis nombran el nombre de un hombre, enumeran sus años y suena la sentencia repetitiva: «y murió». Una y otra vez. Dios no es hombre para mentir (Nm. 23:19).

En la creación, Dios saca a la humanidad del polvo, formándonos y respirando vida en nosotros. En la caída, la humanidad es devuelta al lugar de donde vino. De polvo en polvo. La muerte es un revés en el orden bueno que Dios había creado. «La paga del pecado es muerte» (Ro. 6:23).

La muerte es el gran enemigo que, desde el evento catastrófico del jardín, ha atormentado a toda la humanidad. El profeta Isaías habla de que la muerte es «la cobertura que cubre todos los pueblos» y que un día, Dios «destruirá la muerte para siempre. El Señor Dios enjugará las lágrimas de todos los rostros, y quitará el oprobio de Su pueblo de sobre toda la tierra» (Is. 25:7-8). Pablo nos recuerda que la muerte es el último enemigo de Dios que será eliminado (1 Co. 15:26).

Pero ¿por qué esto te debe importar? Es importante porque todos podemos estar de acuerdo en que hay algo que está mal, algo está mal en el mundo y algo está mal en nosotros. Pero si no sabemos cuál es el problema, no sabremos cuál es la solución. Entender cuál es el problema es lo más importante. Como cuando un médico examina a un paciente que está enfermo. Si el médico diagnostica mal la enfermedad, inevitablemente la tratará de forma incorrecta.

Una cosa es tener una comprensión del concepto de pecaminosidad; otra cosa es personalizarlo. Pensar de manera específica en cómo es que cada uno de nosotros se ha rebelado contra la santidad de Dios. Cómo hemos mentido, robado, engañado, odiado y codiciado y cómo, al igual que nuestros primeros padres, con frecuencia nos encontramos escondidos detrás de los árboles, esperando que nadie vea nuestra depravación.

El pecado no es solo un concepto teológico. Es personal. Nos ha impactado a todos y a cada uno de nosotros. Cada uno de nosotros sabe demasiado sobre el pecado. Han pecado contra nosotros y nosotros hemos pecado contra Dios y contra otros. El mundo nos quiere hacer creer que los mayores problemas del mundo son externos a nosotros, pero la Biblia nos dice que el mayor problema está en todos nosotros.

Hay una historia famosa, en la década de 1900 el *London Times* planteó una pregunta a varios estudiosos y autores prominentes: «¿Cuál es el problema con el mundo?». Se propusieron varios tipos de respuestas: el sistema de salud, la educación, los derechos humanos. G. K. Chesterton ofreció esta respuesta: «Estimado señor, yo soy».

Si externalizamos todo lo que está mal en el mundo, creeremos que la solución está dentro de nosotros. Esfuérzate más. Trabaja de forma más inteligente. Sé mejor. Haz el trabajo. Supera los desafíos. Pero cuando nos damos cuenta de que el problema está en nosotros, en todos nosotros, nos damos cuenta de que la solución debe estar fuera de nosotros. Necesitamos que alguien venga y nos salve. Cuando personalizamos el pecado, nos damos cuenta de que ya no necesitamos escondernos detrás de los árboles, sino abrazar al Hombre que colgaba del árbol maldito en nuestro lugar.

Los seres humanos son personas que vienen del polvo, hechos a imagen de Dios con el propósito de representarlo a Él ante toda Su creación. Nuestro rechazo a someternos a Su buen gobierno nos ha llevado al exilio, a la depravación y a la muerte. El evento del lanzamiento lunar del *Apolo 13* no termina en desastre sino en liberación. La historia de su llamada, catástrofe, esfuerzo y viaje de regreso se resolvió en unos pocos días. Aunque no sabemos el día ni la hora, así también será con nosotros, para los que estamos en Cristo. Nuestra única esperanza es que un día, Dios arreglará todas las cosas. Que nuestro exilio terminará para que podamos disfrutar de la presencia de Dios para siempre. Que nuestra depravación será restaurada para que podamos vivir en obediencia a Dios. Y por supuesto, que un día la muerte será derrotada, para que podamos pararnos sobre la tumba de la muerte, burlándonos de ella, declarando: «Devorada ha sido la muerte en victoria. ¿Dónde está, oh muerte, tu victoria? ¿Dónde, oh sepulcro, tu aguijón?» (1 Co. 15:54-55).

Tú eres un teólogo

Reflexiona

1. ¿Cómo has visto los efectos catastróficos del pecado en tu propia vida o en la vida de alguien que amas? ¿Qué circunstancia actual te hace anhelar más el fin del pecado y la muerte?

2. ¿Qué tan cómodo estás con la idea del pecado original, el hecho de que Adán te haya representado a ti y a toda la humanidad en la caída? ¿Qué pensamientos contribuyen a tu disconformidad? ¿Y a tu aceptación?

3. Antes de pecar, Satanás nos asegura que nuestro pecado no tiene consecuencias; después de que pecamos, él nos convence de que nuestro pecado es imperdonable. ¿Cómo has visto esta realidad en tu propia vida?

4. El hábito de confesar nuestros pecados, ¿cómo podría ser un acto que trae orden en el caos de los efectos del pecado? ¿Cómo debe moldear la confesión nuestra actitud hacia nuestro pecado y el pecado de los demás?

5. El hábito de perdonar a los que pecan contra nosotros, ¿cómo podría ser un acto de poner orden en el caos de los efectos del pecado? ¿Cómo debe moldear el perdón nuestra actitud hacia nuestro pecado y el pecado de los demás?

Ora

Medita en el Padrenuestro frase por frase. Después de cada frase, observa cómo tu comprensión de la doctrina del pecado da forma a la belleza y utilidad de esta oración modelo. Luego ora a Dios el Padrenuestro en voz alta, añadiendo tus reflexiones.

> Padre nuestro que estás en los cielos,
> Santificado sea tu nombre.
> Venga tu reino.
> Hágase tu voluntad,
> Así en la tierra como en el cielo.
> Danos hoy el pan nuestro de cada día.
> Y perdónanos nuestras deudas,
> como también nosotros hemos perdonado a
> nuestros deudores.
> Y no nos dejes caer en tentación,
> sino líbranos del mal.
> (Mt. 6:9-13)

CAPÍTULO 7

¿Qué ha hecho Dios? (Parte 1)

Las doctrinas de la Cristología, la expiación y la justificación

Breve definición: *El eterno Hijo de Dios fue enviado por el Padre, tomó la naturaleza humana para lograr la salvación de la humanidad pecadora en Su vida, muerte, sepultura, resurrección y ascensión.*

¿Alguna vez te has encontrado en una situación en la que necesitas ser rescatado? ¿Alguna vez has estado en una circunstancia en la que tu vida estaba en manos de otro?

En el verano de 2018 en Tailandia, un equipo de fútbol juvenil terminó su entrenamiento y junto a su entrenador fueron a una cueva cercana para nadar y pasar tiempo juntos. Ellos no sabían que, mientras atravesaban la cueva, una tormenta los atrapaba cada vez más adentro y los dejaba sin salida. Aquellos muchachos tenían entre once y veinticinco años, no tenían equipo de buceo, estaban completamente aislados del resto del mundo. La muerte se asomaba sin duda alguna.

Después de más de una semana de esfuerzos de rescate, un equipo de buzos pudo localizar a los muchachos que se habían quedado atrapados. Estaban vivos, pero a kilómetros de distancia de la entrada de la cueva. Sentados juntos en una roca, esperaban su destino. En una carrera contra el tiempo, miles de personas se unieron al intento de rescate. Buzos profesionales, agencias gubernamentales, soldados, helicópteros y ambulancias fueron desplegados en el esfuerzo.

Tomó nueve días localizar al equipo y ocho días sacar a uno por uno. A través de aguas fangosas, pasadizos estrechos y la oscuridad; los buzos profesionales llevaron a cada miembro del equipo a un lugar seguro. Contra todo pronóstico, la experiencia dramática que demoró diecisiete días terminó en un rescate exitoso de los niños y su entrenador. Pero no sin un costo. Dos miembros del equipo de rescate perdieron la vida. El mundo de la búsqueda y el rescate está marcado por el autosacrificio.

La doctrina del pecado nos enseña que nuestra rebelión nos ha llevado al pecado, al exilio, a la depravación y a la muerte; necesitamos ser rescatados. En cierto sentido, estamos atrapados. Nuestras vidas están en juego. Necesitamos desesperadamente que alguien venga a rescatarnos. Ahora, con la doctrina de la Cristología, ponemos nuestros ojos en lo que demanda ese rescate y cómo se logra. Es decir que, ponemos nuestros ojos en una Persona, capaz de salvar, dispuesta a dar Su vida por la nuestra, para llevarnos del reino de las tinieblas al reino de la luz.

Encarnación: Él se hizo carne

Cuando hablamos de las buenas nuevas de nuestra salvación, el evangelio, hablamos a menudo de la cruz de Cristo. Pero el significado de la crucifixión se revela a medida que se establece en su contexto. Antes de que podamos entender el significado de esa muerte, primero debemos meditar en el significado de la vida que la precedió. Antes de que podamos hablar del perdón de los pecados, debemos hablar de la persona que hizo posible el perdón de los pecados. Antes de que podamos atesorar la cruz, debemos atesorar la encarnación.

Si creciste con la tradición navideña de poner el pesebre, has participado en un acto sencillo de atesorar la encarnación. Podemos debatir la exactitud histórica de si había o no un burro en esa posición o cuándo llegaron los magos, pero todos los cristianos están de acuerdo en la existencia del bebé en esa escena. Jesús, el Dios Hombre está allí. Con sus deditos rosados, las telas para envolverlo, Él vivió y respiró. Eso es lo que estamos celebrando en Navidad. El Rey ha venido a salvarnos, Dios se hizo carne.

Recordarás nuestra definición de Dios, la Trinidad, en un capítulo anterior: *Dios existe eternamente como uno en esencia y tres personas distintas, Dios el Padre, Dios el Hijo y Dios el Espíritu Santo. Cada persona es completamente Dios, sin embargo, hay un Dios.* En este capítulo, estamos viendo específicamente las implicaciones de Dios el Padre enviando a Dios el Hijo para *encarnarse* con el fin de lograr la *salvación* en nuestro favor.

El evangelio no es solo lo que Jesús vino a hacer, sino quién es Jesús. El cristianismo se centra no solo en lo que Jesús logró (nuestra salvación), sino en Aquel que lo logró (el Hijo de Dios encarnado). La palabra *encarnado* significa «meterse en la carne». Pero el concepto cristiano de encarnación incluye no solo el que haya tomado un cuerpo, sino que lo haya tomado de una naturaleza humana. En otras palabras, Jesús poseía un cuerpo, alma, mente y voluntad humana

En la encarnación, el Hijo eterno de Dios es enviado por el Padre para llevar en sí una naturaleza humana, con el fin de lograr la salvación a nuestro favor. El Hijo de Dios asume o añade a sí mismo, una naturaleza humana. Este acto hace a Jesucristo el Dios Hombre. Dos naturalezas, una divina y otra humana, en una persona.

El Evangelio de Juan empieza anunciando la divinidad de Jesús:

> En el principio *ya* existía el Verbo, y el Verbo estaba con Dios, y el Verbo *era* Dios. Él estaba en el principio con Dios. Todas las cosas fueron hechas por medio de Él, y sin Él nada de lo que ha sido hecho, fue hecho. En Él estaba la vida, y la vida era la Luz de los hombres. (Jn. 1:1-4, énfasis añadido)

No pases por alto lo que Juan está diciendo aquí. Todo fue hecho a través de Jesús. Él tiene vida en sí mismo. Él es Dios.

Pero solo unas líneas más adelante, aún en el primer capítulo, Juan también nos recuerda esta gloriosa verdad: «El Verbo se hizo carne, y habitó entre nosotros, y vimos Su gloria, gloria como del unigénito del Padre, lleno de gracia y de verdad» (Jn. 1:14).

La cristología básica o la doctrina de Cristo, es:

> Jesús es completamente Dios.
> Jesús es completamente humano, pero sin pecado.
> Jesús es una persona.

Los teólogos llaman a esto la *unión hipostática* (o la naturaleza dual de Cristo), es decir, dos naturalezas en una persona. Cuando nos alejamos o distorsionamos la doctrina de Cristo, una de estas verdades se ve afectada.

Considera algunas de las herejías que la iglesia ha planteado en los últimos dos milenios. Cuando Jesús asumió la naturaleza humana, se despojó de Su divinidad (esa es una herejía llamada *kenotismo*, surgió a mediados del siglo XIX). Jesús solo aparentaba o parecía ser humano, Él solo era espíritu (*gnosticismo*, del siglo I al III). Jesús no es inferior a lo divino (*arrianismo*, siglo IV). Jesús solo tomó elementos físicos de la humanidad (*apolinarismo*, siglo IV). Jesús no es dos personas (*nestorianismo*, siglo V).

Estos conceptos erróneos son muy comunes y todavía abundan en las congregaciones actuales, en distintos grados. Cada generación de creyentes trata de resolver la tensión de la naturaleza dual de Cristo. La herejía siempre busca resolver la tensión que la ortodoxia sostiene. Jesús es completamente Dios, completamente hombre, en una sola persona.

Esto tiene un impacto importante para nuestro entendimiento del evangelio porque nuestra salvación se logró por la única persona que ha vivido que es completamente Dios y completamente hombre. Debido a la encarnación, Jesús se convierte en la revelación suprema y perfecta de Dios. Dios es *exactamente* como Jesús. Pablo nos dice que Jesús es la imagen del Dios invisible (Col. 1:15). El autor de Hebreos afirma que Jesús es la expresión exacta de la naturaleza de Dios (He. 1:1-4).

Eso significa que si tienes un punto de vista sobre Dios que es inconsistente con Jesús, entonces no tienes un Dios que debe ser adorado, sino un ídolo para ser destruido. Dios es como Jesús. ¡Qué consuelo! Cuando llegamos a conocer a Jesús, podemos estar seguros de que hemos llegado a conocer a Dios. Si queremos saber cómo es Dios, no necesitamos ver más allá de Jesús.

Jesús se encarnó para revelar a Dios, pero aún mejor, Jesús es Dios que viene a rescatarnos. El Hijo no fue enviado solo para que seamos iluminados, sino para ser salvados y para lograr eso, Él tuvo que asumir una naturaleza humana, una naturaleza en la que se volvió *exactamente* como tú y yo, con una excepción: Él no pecó.

Los logros de la salvación

Ahora que sabemos que Jesús es completamente Dios y completamente hombre, ¿qué vino a cumplir Jesús? ¿Qué vino a hacer? Si tuviéramos que hacer una lista de tareas para Jesús en la encarnación, sería esta:

- Vivir una vida perfectamente obediente.
- Morir una muerte sustitutoria por los injustos, cargando con su pecado y vergüenza.
- Ser enterrado en una tumba.
- Levantarse victoriosamente, dejando el pecado y la vergüenza de los injustos en la tumba.
- Ascender al cielo para reinar como Rey.

Todo esto fue logrado por Cristo. Cada una de estas tareas impacta nuestra comprensión fundamental del evangelio y merece una consideración más profunda.

Una vida de perfecta obediencia

En la Biblia, el tiempo entre la Navidad y el Viernes Santo es tan importante para nuestra doctrina como los puntos de inflexión. Después del nacimiento de Jesús, Él crece hasta convertirse en un adulto y lleva a cabo Su ministerio terrenal, un período de aproximadamente treinta y tres años. Durante ese período de tiempo Él vive una vida perfectamente obediente según la ley de Dios. No rompe ni un solo mandamiento. Él no comete ningún pecado de omisión ni pecado de comisión. Él pide perdón en el Padrenuestro para darnos un ejemplo, pero no tiene nada por lo cual pedir perdón. «EL CUAL NO COMETIÓ PECADO, NI ENGAÑO ALGUNO SE HALLÓ EN SU BOCA» (1 P. 2:22). Él es completamente humano pero sin pecado y Él es la única persona que logra esto.

La obediencia de Jesús está en claro contraste con cualquier otro ser humano que haya vivido. Después de la caída, toda la humanidad está representada por el desobediente Adán y nosotros mismos caminamos en esa misma desobediencia. Fallamos cuando desobedecemos los mandamientos buenos de Dios en semanas, días, horas o, a veces, incluso minutos. Pero en cada minuto de cada hora de cada día de cada mes de cada año de Su vida, Jesús fue perfectamente obediente. La vida de Jesús fue agradable al Padre (Jn. 8:29). Se deleitó en la voluntad de Dios (Lc. 2:49), no tuvo pecado (1 Jn. 3:5) y vino a cumplir la ley (Mt. 5:17).

Su perfecta obediencia lo califica para morir en lugar de los desobedientes, lo hace el cordero sin mancha, el sacrificio perfecto. Pero hace más que calificarlo para morir en nuestro lugar; lo califica para ser el ejemplo perfecto para nosotros. Fijamos nuestros ojos en Él; nos esforzamos por ser hechos a Su imagen, para que podamos caminar como Él caminó. No solo participamos en la muerte de Jesús, sino que también participamos en Su vida.

Muerte

A pesar de Su obediencia perfecta a la ley de Dios, Jesús sufrió la maldición de la cruz, la muerte de un criminal declarado culpable. La muerte es la consecuencia del pecado (Gn. 3:19). Alguien que no ha pecado no merece morir. Entonces, ¿por qué murió el Obediente?

Jesús, el Obediente, murió para que los desobedientes puedan vivir. Jesús murió en nuestro lugar. «Al que no conoció pecado, [Dios] lo hizo pecado por nosotros, para que fuéramos hechos justicia de Dios en Él» (2 Co. 5:21). No es de extrañar que lo llamemos «Viernes Santo».

La doctrina de la expiación nos ayuda a entender lo que logró la muerte de Jesús. *Expiación* es otra palabra para reconciliación o recompensa. Es el medio por el cual somos hechos justos ante Dios. La doctrina de la expiación enseña que la muerte de Jesús logró lo siguiente:

- Fue un sustituto de un castigo justo.
- Satisfizo la ira de Dios.
- Limpió nuestra impureza.
- Nos concedió justicia.
- Nos reconcilió con Dios para siempre.
- Derrotó la muerte a nivel cósmico.

La muerte de Jesús es un *sustituto de un castigo justo.* «La paga del pecado es muerte» (Ro. 6:23). Dios es santo y justo y para mantener Su justicia, el castigo por el pecado debe ser pagado en su totalidad. Pero debido a que nuestros pecados contra Dios requieren un castigo infinito, ningún ser finito puede pagarlo en su totalidad. Sin un sustituto, la humanidad pecadora pasaría la eternidad sufriendo las consecuencias de su pecado. Solo Dios puede sustituirse a sí mismo en nuestro lugar para ofrecer un sacrificio satisfactorio. Entonces, el perfecto Hijo de Dios se convirtió en humano, vivió una vida perfecta y murió en nuestro lugar como sustituto. A esto se llama *sustitución penal.*

En el corazón de la expiación sustitutoria hay una palabra: *por*. Jesús murió *por* nosotros. Pedro resalta la importancia de esta palabra cuando dice: «Porque también

Cristo murió *por* los pecados una sola vez, el justo por los injustos, para llevarnos a Dios, muerto en la carne pero vivificado en el espíritu» (1 P. 3:18, énfasis añadido). No lo pases por alto. Jesús sufrió en la cruz *por* los pecados. El justo *por* los injustos. Aquel libre de pecado *por* los pecadores. El obediente *por* los desobedientes. El inocente *por* los culpables.

La muerte de Jesús *satisface la ira de Dios*. La ira de Dios es colocada, con toda justicia, sobre los pecadores, aquellos que se han rebelado contra Él. En la muerte de Cristo, la ira de Dios no se olvida ni se borra; sino que se ha consumido. A través de la obra de Cristo en la cruz, la ira de Dios ha sido satisfecha por completo. Pablo afirma que la muerte de Jesús es una muerte *propiciatoria* (Ro. 3:23-26). La propiciación es la satisfacción de la ira a través de la ofrenda de un regalo, en este caso un sacrificio de sangre. La imagen que Pablo invoca es el propiciatorio del arca, el lugar donde los sacerdotes hicieron expiación por el pueblo de Dios sacrificando un cordero. La cruz es el lugar de encuentro entre la justicia y la misericordia de Dios, salvando a los pecadores que nunca podrían salvarse a sí mismos. Presta atención: si estás en Cristo, la ira de Dios ha sido completamente satisfecha, porque en Su muerte ha sido consumida por completo, *por* ti.

La muerte de Jesús *limpia nuestra impureza*. Tu pecado te ha hecho impuro, pero la sangre de Cristo lava todo tu pecado. La ira de Dios no solo se apacigua por completo, sino que los pecadores, que una vez fueron manchados con injusticia e impureza, son limpiados y purificados por completo por medio de la sangre de Cristo (He. 9:13-14; 1 Jn. 1:7,9).

La muerte de Jesús *nos concede justicia*. Cuando pienses en rectitud, piensa en términos judiciales. Los culpables no solo son perdonados, aunque eso es cierto; sino que son declarados inocentes. No solo nuestros pecados son perdonados, sino que se nos acredita la justicia de Jesucristo. Su justicia se acredita a nuestra cuenta como si nos perteneciera por completo (Ro. 4:22-25).

La muerte de Jesús *nos reconcilia con Dios para siempre*. Cuando pienses en la reconciliación, piensa en términos relacionales. La reconciliación significa que, aunque éramos enemigos de Dios, a través de Cristo se nos ha acercado a Él. El pecado dice que nacemos en enemistad con Dios, pero la salvación dice que hemos sido reconciliados con Dios. Colosenses 1:22 dice: «Ahora Dios los ha reconciliado *en Cristo* en Su cuerpo de carne, mediante Su muerte, a fin de presentarlos santos, sin mancha e irreprensibles delante de Él». Una vez fuimos enemigos de Dios, ahora la cruz nos declara amigos. Una vez fuimos hostiles hacia Dios, ahora la cruz nos declara santos.

La muerte de Jesús *derrota a la muerte a un nivel cósmico*. Aunque la muerte de Jesús es profundamente personal, también es cósmica. Él no solo murió por ti, sino que en Su muerte logró una victoria sobre los poderes cósmicos de las tinieblas. La muerte de Cristo señala la derrota de todo poder de las tinieblas en el mundo, que se llevará a cabo plenamente cuando Jesús establezca Su reino en la tierra, colocando a cada enemigo por estrado de Sus pies (Sal. 110:1; 1 Co. 15:25; He. 10:13).

Entierro

Después de la crucifixión de Jesús, Él fue puesto en una tumba. Así como podemos olvidar la importancia del intervalo entre el Adviento y el Viernes Santo: la vida perfecta de Jesús; así también podemos olvidar la importancia del intervalo entre el Viernes Santo y la Pascua: la muerte de Jesús.

Piensa en la escena de la película *La princesa prometida,* donde el héroe Westley está tendido en un estante, todo parece apuntar a que está muerto. En un examen minucioso, Miracle Max lo declara «casi muerto». Max dice: «Hay una gran diferencia entre estar casi muerto y estar muerto. Estar casi muerto significa estar casi con vida». Westley es resucitado y la película continúa su feliz desenlace.

Eso no fue lo que pasó con Jesús. Él estaba muerto. Muerto por completo. Totalmente muerto. Su cuerpo sin vida no tenía aire que soplaba a través de Sus pulmones. No tenía actividad cerebral. Estaba completamente muerto. Debido a Su muerte absoluta, sabemos que ahora estamos totalmente muertos al pecado. No hay posibilidad de ser reanimados. Gracias a Dios.

Resurrección

Después de tres días, la muerte se encuentra con su muerte. El cuerpo de Jesús no fue reanimado; fue resucitado. El que estaba muerto ahora está vivo. Por fin, la Pascua.

La cruz no es donde la salvación se lleva a cabo en su totalidad. La muerte de Cristo no significa nada si Jesús hubiera permanecido muerto. No solo fue muerto por nuestras transgresiones, sino que también fue resucitado para nuestra justificación (Ro. 4:25). Él no se quedó en la tumba, sino que se levantó victoriosamente sobre el pecado, Satanás y la muerte.

Si Jesús todavía estuviera en la tumba, nosotros todavía estaríamos en nuestro pecado. En cambio, Él dejó nuestro pecado y culpa muertos en la tumba y salió vivo de ahí. La resurrección vindica a Jesús y a todos los que le pertenecen. También significa nuestra esperanza futura: la resurrección fue solo las primicias de todos los que le pertenecen (1 Co. 15:20). Piensa en esto: lo único particular sobre la resurrección de Jesús es que Él debe ir primero. Todos los que le pertenecen a Jesús un día saldrán victoriosos de sus tumbas burlándose de Satanás, el pecado y la muerte. La muerte no tiene la última palabra para los cristianos, la resurrección sí.

Ascensión

El Viernes Santo no es el episodio final de la salvación. La Pascua no es el final de la historia. Nuestro Señor resucitado, el que «se humilló Él mismo, haciéndose obediente hasta la muerte, y muerte de cruz» debe pasar de Su humillación a Su exaltación (Fil. 2:8). Después de Su resurrección, Jesús se presentó vivo y enseñó sobre el reino de Dios a lo largo de cuarenta días (Hch. 1:1-3). Pero eso no fue todo. Los eventos que sucedieron después de Su resurrección mostraron que Él no era solo un maestro sobre el reino, sino su Rey gobernante. «Fue elevado [al cielo] mientras ellos miraban» (Hch. 1:9), donde Él reina incluso ahora y por la eternidad.

El ascenso de Jesús es una demostración de Su reinado sobre cada aspecto. Él no está en el cielo descansando, Él está en el cielo reinando. Está sentado en el trono. Él está a la diestra de Su Padre, exaltado por lo alto, habiendo recibido el nombre por encima de todos los nombres. Él está ejerciendo dominio y autoridad sobre todas las cosas. El Cordero que fue inmolado por el mundo es ahora el León que reina como Rey.

La ascensión de Cristo nos recuerda que Aquel que fue herido, el que soportó el sufrimiento, el que llevó nuestro pecado hasta el punto de la muerte, está vivo y es exaltado. Él conoce nuestra naturaleza. Él conoce nuestras debilidades. Él conoce nuestras tentaciones. Él participó voluntariamente de nuestra experiencia humana. Y Él está reinando ahora, en este mismo momento, no como un monarca terrenal, que es insensible a la situación difícil de Sus súbditos, sino como nuestro Salvador y Rey que se humilló hasta nuestro estado.

La plenitud del evangelio del Rey Jesús se puede ver no solo en la cruz, sino desde el pesebre hasta la coronación. Su encarnación, Su vida sin pecado, Su muerte, Su resurrección y ascensión nos muestran que el Hijo ciertamente ha logrado nuestra salvación. Considera la envergadura magnífica de todo lo que Él ha logrado por nosotros:

En Cristo, eres *perdonado* (Hch. 5:31).
En Cristo, eres *salvo* (2 Ti. 1:9; Tit. 3:5).
En Cristo, eres *justificado* (Gá. 2:16).
En Cristo, eres *reconciliado* (Ro. 5:11).
En Cristo, eres *amado* (1 Jn. 3:16).
En Cristo, eres *adoptado* (Gá. 4:5).
En Cristo, eres *limpiado* (Hch. 15:9; Ef. 5:26).
En Cristo, eres *sanado* (1 Pedro 2:24).
En Cristo, eres *redimido* (He. 9:15; Gá. 3:13).
En Cristo, eres *libre* (Ap. 1:5).
En Cristo, eres *rescatado* (Gá. 1:4).
En Cristo, has *triunfado* (Col. 2:15).
En Cristo, tienes *esperanza* (Col. 1:27).
En Cristo, tienes una *herencia* (1 P. 1:4).

En Cristo, tienes *paz* (Col. 1:20).
En Cristo, tienes *descanso* (He. 4:3).

La plenitud de nuestro entendimiento sobre la salvación crece cuando meditamos en estas verdades. Son como facetas en el diamante que es nuestra redención, cada una de ellas mejora lo precioso que es ese costoso regalo. Teniendo ese repertorio de gracia, que nunca se diga que los cristianos no fueron capaces de describir cuán grande es la salvación que hemos recibido en Cristo.

Tal vez esta es la primera vez que has unido los conceptos de las realidades teológicas que hemos profundizado en los últimos capítulos. Dios hizo todo, incluyéndote a ti. Él es bueno y Él es Rey. Él te hizo con dignidad divina para reinar y gobernar en Su nombre a fin de lograr Sus propósitos en el mundo. Pero en lugar de vivir como portadores de la imagen de Dios, nos hemos rebelado contra Él, todos y cada uno de nosotros. Pero Dios, siendo rico en misericordia, no nos abandona a la muerte y a la desesperación. Él es el Dios que, en Su profundo amor por nosotros, vino a rescatarnos, vino a rescatarte a ti. Él ha venido a limpiar, a perdonar y a dar la bienvenida a Sus hijos a casa. Él no nos invita de nuevo a Su reino como siervos. Él nos invita a regresar a Su reino como hijos e hijas, como coherederos con Cristo. Todo eso debido a lo que Jesucristo ha logrado para nosotros. Anhelamos que lo creas. Si aún no lo has hecho, esperamos que lo hagas ahora y ores a Dios agradeciéndole por lo que te ha dado en Cristo.

Redimido. Rescatado. Una costosa liberación de una muerte segura. No somos tan diferentes de esas vidas en peligro temblando en una cueva oscura en Tailandia, rescatadas para estar a salvo. Cristo Rey nos ha conducido en procesión triunfal. Dios «nos libró del dominio de las tinieblas y nos trasladó al reino de Su Hijo amado, en quien tenemos redención: el perdón de los pecados» (Col. 1:13-14). Todo honor al Rey Jesús.

Tú eres un teólogo

Reflexiona

1. ¿Cuán balanceada es tu comprensión de la doble naturaleza de Cristo? ¿Qué naturaleza tiendes a enfatizar más sobre la otra, la divina o la humana? ¿Por qué crees que tu énfasis tiende a ir en esa dirección?

2. ¿De qué manera te ayuda la vida perfectamente obediente de Jesús a entender mejor las buenas nuevas del evangelio? ¿De qué manera te llama a seguir Su ejemplo? De forma específica, ¿qué pecado necesitas confesar y alejarte de él?

3. ¿De qué manera la resurrección de Cristo debería impactar la forma en la que los creyentes miran hacia su propia muerte? ¿Cómo afecta a nuestros temores de morir y de la muerte?

4. Cuando sentimos que la vida está fuera de control, ¿de qué manera la ascensión de Cristo nos puede ayudar a enfrentar nuestras ansiedades? ¿Qué ansiedad, que estás experimentando actualmente, se reduciría en tu vida si meditaras en la realidad de que Cristo está reinando y gobernando en este momento todas las cosas?

5. Mira hacia atrás y observa la lista de todo lo que Cristo ha logrado en tu nombre. ¿Cuál es la verdad más difícil de creer sobre ti? Memoriza referencias de las Escrituras para que puedas meditar en la(s) gloriosa(s) verdad(es) sobre quién eres en Cristo.

Ora

Lee esta oración del padre de la iglesia, Gregorio Nacianceno y medita en la persona y obra de Jesús. Subraya las palabras que te llaman la atención mientras lees. Luego lee la oración en voz alta, empieza cada línea diciendo: «Padre, gracias por eso…»

> Tuvo hambre,
> pero alimentó a miles.
>
> Estuvo cansado,
> pero Él es el descanso de todos los que están cansados.

Tuvo mucho sueño,
pero caminaba con ligereza sobre el mar.

Él ora,
pero escucha la oración.

Él llora,
pero hace que las lágrimas cesen.

Preguntó dónde habían colocado a Lázaro,
porque Él era hombre;
pero resucitó a Lázaro, porque Él era Dios.

Es vendido y a un precio muy bajo, solo por
treinta piezas de plata;
pero Él redime al mundo.

Como una oveja es llevado al matadero,
pero Él es el Pastor de Israel y ahora también del mundo entero.

Como un cordero Él está en silencio,
pero Él es la Palabra.

Él está herido,
pero Él sana todas las enfermedades.

Él muere,
pero da vida.

CAPÍTULO 8

¿Qué ha hecho Dios? (Parte 2)

Pneumatología: La doctrina del Espíritu Santo

Breve definición: *El Espíritu Santo es enviado por el Padre y por el Hijo para aplicar en nosotros la salvación que Cristo ha logrado por los creyentes. El Espíritu aplica en nosotros la salvación concediéndonos fe y uniéndonos a Cristo, mientras nos santifica, persevera y glorifica a todos los seguidores de Cristo.*

Entre los personajes que se encuentran en la buena literatura, tal vez ningún personaje haya sido más malinterpretado o pasado por alto que Arthur Radley. Él recorre las páginas de una de las novelas más famosas de la literatura estadounidense,

Matar a un ruiseñor de Harper Lee, una novela que la mayoría de nosotros nos vimos obligados a leer en una etapa de la vida durante la cual era poco probable que absorbiéramos su belleza escondida. Pero si te permites volver a revisar la historia por placer, en lugar de por una calificación en la clase de inglés de la escuela secundaria, Arthur estará allí esperándote, esperando ser recordado o tal vez descubierto con ojos adultos.

En la historia, no se le conoce por su nombre de pila, sino por el apodo de «Boo Radley». Él es la figura sombría que vive al lado del personaje principal, una joven llamada Scout. En el transcurso de la novela, Scout pasa de no saber que Arthur existe, a estar aterrorizada por su existencia, a saber que él ha sido una figura protectora para ella todo el tiempo.

De las tres personas de la Trinidad, ninguna es más propensa a ser malinterpretada u olvidada que la tercera persona: el Espíritu Santo. Al igual que la relación de Scout con Boo Radley, podríamos simplemente pasarlo por alto o evitarlo por miedo o confusión. En este capítulo nos pondremos la meta de reclamar el lugar del Espíritu en la Trinidad, verlo tal como Él es y recordar Su obra en el mundo y en nuestras vidas. Pero primero, revisemos las acciones de cada miembro de la Trinidad que presentamos en el capítulo 2: Dios el Padre *inicia* toda actividad divina. Él envía a Dios el Hijo para *lograr* nuestra salvación. El Padre y el Hijo envían al Espíritu para *aplicar* nuestra salvación. Dios el Padre inicia, Dios el Hijo logra, Dios el Espíritu aplica. Todo lo que el Padre quiere, todo lo que Cristo logra, nos es dado a través del Espíritu de Dios. En este capítulo, analizaremos quién es el Espíritu Santo y qué hace en Su obra de aplicación en nosotros.

Dios no solo ha venido a rescatarnos en Cristo, sino que Dios continúa salvando a su pueblo a través del Espíritu Santo. Para el creyente, la salvación es continua en el sentido de que aquellos liberados de la pena del pecado (justificación) ahora experimentan la liberación del poder del pecado (santificación) y un día serán liberados de la presencia del pecado (glorificación). El Espíritu está activo en cada uno de estos aspectos de la salvación.

Llamamos al estudio del Espíritu Santo *pneumatología*, de la palabra griega *pneuma*, significa «respiración» o «espíritu». Recordarás del capítulo 2 que Dios existe eternamente como un Dios en tres personas distintas: Dios el Padre, Dios el Hijo y Dios el Espíritu Santo, cada uno de los cuales es completamente Dios, sin embargo, hay un solo Dios. Hemos considerado la obra del Hijo en nuestra salvación: quién es Él y qué hace. Pero ¿quién es exactamente el Espíritu Santo y qué hace?

Cinco conceptos erróneos sobre el Espíritu Santo

Antes de ver Sus atributos y Su obra, descartemos cinco de los conceptos erróneos más comunes sobre Él:

1. El Espíritu Santo es una fuerza.

El Espíritu a veces se concibe casi como un superpoder que los cristianos invocan cuando necesitan ayuda o un impulso emocional. En lugar de una persona, Él es visto como una fuerza impersonal. Esto esencialmente mercantiliza a Dios, de la misma manera en la que somos propensos a mercantilizar a nuestros vecinos. Tendemos a valorar a aquellos quienes desempeñan funciones de ayuda solo por la ayuda que ofrecen y lo mismo puede ser cierto de la forma en la que pensamos del Espíritu. Lo vemos como un botón para presionar cuando necesitamos de Él, en lugar de verlo como una persona para amar y adorar. Él no es una fuerza o un poder, aunque puede ser fuerte y poderoso. Él es una persona. Él es completamente Dios y digno de honor, reverencia, adoración y alabanza.

2. El Espíritu Santo viene y va.

Es común escuchar a los cristianos invitar al Espíritu a descender o a soplar en un lugar. También es común escuchar a las personas expresar que sienten que Dios está lejos. Es cierto que escuchamos relatos bíblicos del Espíritu descendiendo sobre alguien o apartándose de alguien, pero estos relatos hablan de una obra particular del Espíritu. No están describiendo la vida en el Espíritu que todos los creyentes reciben, sino una obra no normativa. Cuando recibimos el Espíritu en nuestra conversión, Él siempre está en nosotros, incluso cuando no sentimos Su presencia o actuamos como alguien que es habitado por el Espíritu. Él también es omnipresente, Él está presente de forma plena en todas partes, aunque no lo percibamos.

3. El Espíritu Santo es una emoción o un sentimiento.

¿Se te pone la piel de gallina? Esa es la presencia del Espíritu. ¿No se te pone la piel de gallina? El Espíritu no está contigo. Según nuestro entendimiento, el Espíritu Santo está asociado con frecuencia a la forma como nos sentimos. Describimos cierta música de alabanza, oraciones o servicios de adoración como «llenas del Espíritu» y otras como promedio o aburridas. Muchos dirían que el Espíritu les habla a través del Salmo 23, pero un grupo más reducido dirían que Él les habla a través de las leyes dietéticas de Levítico. Sin embargo, toda la Escritura es inspirada por Dios. Decimos: «Estoy orando para tener paz sobre esta decisión», como si el Espíritu nos diera paz antes de actuar. Sin embargo la Biblia dice que sabemos el bien que tenemos que hacer y aun así no lo hacemos (Stg. 4:17). En otras palabras, a veces necesitamos hacer lo correcto, ya sea que nuestro hígado tiemble o no. Nuestros sentimientos importan, pero no son necesariamente indicadores confiables de la presencia u obra del Espíritu. El Espíritu no es un sentimiento, ¡Él es una persona!

4. El Espíritu Santo es impactante.

Señales y maravillas, sanidades, conversiones impactantes, liberación de adicciones o circunstancias que amenazan la vida, no nos equivocamos al asociarlas con el Espíritu Santo. Ciertamente lo son. Pero si solo asociamos lo impactante con el Espíritu, le hacemos una injusticia. Si solo celebramos a nuestro pastor por aparecer en grandes bodas, funerales y bautismos, pero no reconocemos su presencia constante y fiel en los asuntos grandes y pequeños, reducimos el crédito que se merece. Del mismo modo, aquellos que aman al Espíritu como persona reconocen Su actividad y cuidado constante en lo cotidiano como en lo extraordinario.

5. El Espíritu Santo es agradable, pero no es necesario.

Quienes creen que el Espíritu es demasiado impactante terminan minimizando Su papel. A veces se bromea que para muchas iglesias la Trinidad funcional es el Padre, el Hijo y la Santa Biblia. Lo que realmente están diciendo es que la Escritura es todo el *pneuma* que necesitamos. Pero, si bien es importante defender la obra del Espíritu a través de las

Escrituras, también tenemos que defender Su presencia y obra en nuestros corazones, mentes y vidas de nuestro diario vivir. Él es el Consolador sin el cual no podríamos retener nuestra justificación y sin el cual no podríamos llevar a cabo nuestra santificación. No solo son Sus palabras las que necesitamos, sino Su actividad. Él es esencial para nuestras vidas. ¡Él, el Espíritu, es esencial para la vida y la piedad!

El Espíritu es eterno, omnipresente, es Dios mismo

Entonces, ¿cómo debemos pensar en el Espíritu Santo? El Credo de Nicea del siglo IV nos da algunas ideas clave para ayudar a darle forma a nuestra comprensión:

> Creemos en el Espíritu Santo, el Señor, el dador de vida, que procede del Padre y del Hijo. Junto al Padre y al Hijo, Él es adorado y glorificado. Él ha hablado por medio de los profetas.[9]

Observa la referencia a las palabras que han sido inspiradas por Dios en los profetas. Como vimos en el capítulo 3, el Espíritu exhaló las Escrituras a través de autores humanos. Nota también la referencia al Espíritu como el dador de vida. El Espíritu se movía sobre las aguas que no tenían orden en la creación, esperando exhalar vida y también representando Su eternidad (Gn. 1:2).

El Credo de Nicea se encarga de describir al Espíritu Santo no como una fuerza, sino como una persona, completamente Dios: «El Señor... [quien] con el Padre y el Hijo... es adorado y glorificado». Como señalamos en el capítulo 2, la Biblia demuestra, ampliamente, que el Espíritu de verdad es Dios mismo. Cuando le escribía a los corintios, Pablo argumenta a favor de la personalidad y divinidad características del Espíritu: «Porque entre los hombres, ¿quién conoce los *pensamientos* de un hombre, sino el espíritu del hombre que está en él? Asimismo, nadie conoce los *pensamientos* de Dios, sino el Espíritu de Dios» (1 Co. 2:11).

En una de las escenas más impactantes del libro de los Hechos, Ananías y Safira mienten sobre la venta de una propiedad. Pedro responde: «¿por qué ha llenado Satanás tu corazón para mentir al Espíritu Santo, y quedarte con *parte* del precio del terreno? [...] No has mentido a los hombres sino a Dios» (Hch. 5:3-4). La personalidad del Espíritu Santo se puede ver en la naturaleza de la ofensa: no has mentido a los hombres, sino a la Persona del Espíritu. Tenemos todos los motivos para creer que somos capaces de hacer lo mismo. Cualquier intento de engañar a otra persona es, en última instancia, un intento de engañar a Dios mismo.

El Espíritu procede

Dado que el Espíritu Santo es Dios, ¿qué lo distingue del Padre y del Hijo? El Credo de Nicea nos ayuda diciéndonos que Él procede del Padre y del Hijo. Pero, ¿qué significa eso? Simplemente que el Espíritu es eternamente enviado por el Padre y el Hijo para aplicar en nosotros los logros de la salvación.

En el discurso del aposento alto, en el Evangelio de Juan, Jesús enseña a Sus discípulos sobre la procesión característica del Espíritu Santo. Él les dice que los va a dejar, pero que el Espíritu vendrá a ellos y será su Ayudador: «Pero el Consolador, el Espíritu Santo, a quien el Padre enviará en Mi nombre, Él les enseñará todas» (Jn. 14:26). Él continúa: «Cuando venga el Consolador, a quien yo enviaré del Padre, *es decir*, el Espíritu de verdad que procede del Padre, Él dará testimonio de Mí» (Jn. 15:26). Luego, en Juan 16:7 Él hace esta declaración asombrosa: «Les conviene que Yo me vaya; porque si no me voy, el Consolador no vendrá a ustedes; pero si me voy, se lo enviaré». Jesús consuela a Sus discípulos diciéndoles que la presencia del Espíritu Santo con ellos es *mejor que* Su propia presencia con ellos. Pero ¿cómo es posible esto? Porque el Espíritu Santo no es solo Dios *con* nosotros, sino Dios *en* nosotros.

Después de Su resurrección e inmediatamente antes de Su ascensión, una de las primeras acciones de Jesús es exhalar el Espíritu Santo sobre Sus discípulos. «Sopló sobre *ellos* y les dijo: "Reciban el Espíritu Santo"» (Jn. 20:22). Él demuestra que no solo es el Dios que crea, sino el Dios que recrea. La morada del Espíritu Santo no solo es verdadera para aquellos discípulos que estuvieron presentes con Jesús en Su resurrección; es cierta para cualquiera que quiera seguir a Jesús. Inmediatamente después de Su ascensión, Jesús hace lo mismo por todos los discípulos. En Pentecostés vemos que cualquiera que cree en Jesús a través de la fe recibe el Espíritu de Dios.

Pedro predica el evangelio y la multitud responde preguntando: «Entonces, ¿qué es lo que debemos hacer?», Pedro responde: «Arrepiéntanse y sean bautizados cada uno de ustedes en el nombre de Jesucristo para perdón de sus pecados, y recibirán el don del Espíritu Santo» (Hch. 2:38). Cuando recibimos las buenas nuevas del evangelio a través de la fe, no solo recibimos el perdón de los pecados, sino que recibimos la presencia misma de Dios. El Espíritu de Dios no solo da vida a la humanidad formada de la tierra, sino que también sopla vida a la humanidad que ha vuelto a nacer en el evangelio.

Eso es exactamente lo que necesitamos. No solo necesitamos que Dios esté con nosotros o que Dios sea por nosotros, aunque también lo necesitamos. Necesitamos que Dios esté *en* nosotros, para que la obra de Cristo pueda aplicarse a nosotros.

Es por eso que el Padre y el Hijo envían al Espíritu, con el fin de aplicar los logros de Cristo, para hacer nuestros Sus logros. Lo que Cristo aseguró, el Espíritu lo da. Aquellos que Cristo ha justificado, el Espíritu anima, une a Cristo, santifica, preserva y glorifica. El Espíritu nos hace coherederos en el reino de Cristo. Él nos da el Rey y el reino.

Logros aplicados en nosotros: La regeneración

El Espíritu toma todo lo que ha sido hecho nuestro en Cristo y nos lo da. Él hace esto primero avivándonos o dándonos vida nueva (Jn. 6:63). Los teólogos llaman a esto la doctrina de la *regeneración*: nacer de nuevo. Estamos familiarizados con el término «cristiano nacido de nuevo», pero considera de dónde viene y cómo apunta a la obra del Espíritu en nuestra justificación.

En Juan 3, un maestro de la ley llamado Nicodemo viene a Jesús y cuestiona Su autoridad espiritual, preguntándole cómo es capaz de realizar señales y milagros. Jesús le dice: «En verdad te digo que el que no nace de nuevo no puede ver el reino de Dios» (Jn. 3:3). Todo lo que implica nacer otra vez es nuevo para Nicodemo. Él quiere saber qué hacer. Quiere saber cómo mejorarse a sí mismo: moral, ética y religiosamente. Quiere saber qué puede hacer para asegurarse de heredar el reino.

Pero Jesús le deja muy claro que nuestra mayor necesidad no es la renovación, sino el renacimiento. Necesitamos nacer del Espíritu. Heredar el reino de Dios no se trata de lo que *nosotros* hacemos, sino de lo que *Dios* hace en nosotros. La primera obra del Espíritu Santo no es darnos una lista de lo que se debe y no se debe hacer, sino traernos de nuevo a la vida.

Jesús continúa: «El que no nace de agua y del Espíritu no puede entrar en el reino de Dios. Lo que es nacido de la carne, carne es, y lo que es nacido del Espíritu, espíritu es» (Jn. 3:5-6). Esta es la manera en la que Jesús dice que no podemos recibir el reino a través de lo que hagamos, sino solo a través de la gracia. El reino no se hereda a través de la carne, sino a través del Espíritu.

Jesús reitera Su punto al decirle a Nicodemo que esto no es algo que los humanos puedan hacer por sí mismos. Nadie decide nacer y nadie decide nacer de nuevo. En cambio, Jesús enseña que la obra del Espíritu es como el viento. No se puede crear; solo se puede recibir. Ni siquiera se puede predecir, solo presenciar. Jesús le enseña a Nicodemo: «El viento sopla por donde quiere, y oyes su sonido, pero no sabes de dónde viene ni adónde va; así es todo aquel que es nacido del Espíritu» (Jn. 3:8).

Nuestros corazones muertos necesitan ser revividos y el Espíritu lo hace. La obra del Espíritu no es creada ni manipulada, solo puede ser recibida en fe. La única manera de recibir los logros de Cristo es a través de la fe. La fe no se trata tan solo de un tema de habilidad humana. No es solo un asunto de intelecto. La fe es un don. Pablo les dice a los efesios: «Porque por gracia ustedes han sido salvados por medio de la fe, y esto no procede de ustedes, *sino que es* don de Dios; no por obras, para que nadie se gloríe» (Ef. 2:8-9). Pablo lo sabía muy bien. Se le concedió el don misericordioso de la fe como un rayo que vino de los cielos en un camino a Damasco. Cada historia de conversión radical atestigua el don misericordioso de la fe, pero también lo hacen las historias menos impactantes, si es que nos tomamos el tiempo para examinarlas. La salvación es un don de gracia y es la obra del Espíritu, de principio a fin. El Espíritu nos regenera, al aplicar la obra justificadora de Cristo a nuestros espíritus. Pero eso no es todo.

Logros aplicados en nosotros: Unidos a Cristo

Todo lo que está en Cristo ahora es nuestro a través del Espíritu. Como vimos en el capítulo anterior, la palabra *por* nos ayuda a entender la obra de Cristo. Cristo murió *por* los pecadores. De la misma manera, la palabra *en* nos ayuda a entender la obra del Espíritu al aplicar la salvación. El Espíritu nos pone *en* Cristo y Cristo *en* nosotros. El pecado nos une a Adán, pero el Espíritu nos une a Cristo (Ro. 5).

Pablo usa con frecuencia la preposición *en*, que parece ser insignificante, pero lo hace para comunicar los profundos efectos del evangelio. La Biblia afirma que la presencia del Espíritu en el creyente nos hace eternamente inseparables de

Cristo y Sus beneficios. Estamos *en* Él y Él está *en* nosotros. Cristo no puede negarse a sí mismo, de modo que, nunca puede negarnos a nosotros.

Uno de los textos más evidentes en los que la Biblia enseña esto es en la carta de Pablo a los romanos. En su discurso sobre la nueva relación del creyente con el pecado, él enfatiza nuestra nueva unión con Cristo:

> ¿O no saben ustedes que todos los que hemos sido bautizados en Cristo Jesús, hemos sido bautizados en Su muerte? Por tanto, hemos sido sepultados con Él por medio del bautismo para muerte, a fin de que como Cristo resucitó de entre los muertos por la gloria del Padre, así también nosotros andemos en novedad de vida. Porque si hemos sido unidos a Cristo *en* la semejanza de Su muerte, ciertamente lo seremos también *en* la semejanza de Su resurrección. (Ro. 6:3-5, énfasis añadido)

La vida del creyente está unida para siempre a la vida de Cristo. Su vida es la nuestra. Su muerte es la nuestra. Su resurrección es la nuestra. Su futuro es el nuestro. Su amor que proviene del Padre es ahora el nuestro.

¿Cómo se aplica y asegura la unión con Cristo para el creyente? Pablo nos dice:

> En Él [Cristo] también ustedes, después de escuchar el mensaje de la verdad, el evangelio de su salvación, y habiendo creído, fueron sellados en Él con el Espíritu Santo de la promesa, que nos es dado como garantía de nuestra herencia, con miras a la redención de la posesión *adquirida de Dios*, para alabanza de Su gloria. (Ef. 1:13-14)

El Espíritu nos sella con Cristo con un sello que no puede ser quebrantado. Cuando el Espíritu te une a Cristo, tu vida se vuelve completa y absolutamente inseparable de Cristo. Él es tuyo y tú eres Suyo. Para aquellos que luchan contra la seguridad de su salvación, para aquellos que dudan de que realmente han sido reconciliados con Dios, recuerden que están sellados por el Espíritu con un sello inquebrantable. Estás en Cristo. Estás seguro no solo por lo que Cristo hizo *por* ti, sino también porque Su Espíritu vive *en* ti. Pero eso no es todo.

Los logros de Cristo aplicados en nosotros: La santificación

No solo somos sellados por el Espíritu en unión con Cristo, sino que también estamos siendo hechos santos. En Cristo, Dios ha venido a luchar *por* nosotros. En el Espíritu,

Dios ha venido a pelear *en* nosotros, librando una guerra contra la impiedad (Col. 3:5). La obra del Espíritu en la vida nueva del creyente nos lleva a arrepentirnos de nuestra antigua forma de vida. El arrepentimiento significa cambiar de una cosa a otra. Este cambio está marcado por una transformación profunda en nuestros deseos. Cuando somos vivificados en el Espíritu, empezamos a perder nuestro antiguo deseo por el pecado y empezamos a desarrollar un nuevo deseo por Cristo (Hch. 2:38).

Cuando somos vivificados, ya no nos inclinamos inexorablemente hacia la injusticia, sino que nos inclinamos hacia la justicia. Nuestro nuevo nacimiento no nos hace inmediatamente perfectos, pero se nos concede nuevos afectos. Aprendemos a desear lo que es bueno y a odiar lo que es malo. Sabemos que a través de la justificación hemos sido declarados santos, pero en la santificación, el Espíritu Santo nos da poder para la piedad verdadera y personal. Dicho de otra forma, aquellos que reciben santidad posicional en la cruz viven vidas prácticas, el resto de sus vidas, por el Espíritu.

La obediencia no tiene que esperar a que el reino venga, estamos capacitados por el Espíritu para obedecer al Rey ahora. Si estamos verdaderamente en Cristo, entonces Él no es *solo* nuestra justificación, sino que también es nuestra santificación. Ya que Su Espíritu ahora está vivo en el creyente, Él nos capacita para vivir en justicia. No vivimos vidas santas porque estamos bajo la ley, sino porque estamos bajo la gracia y llenos del Espíritu (Gá. 3:23-26). No obedecemos a Dios para ganar Su amor, sino porque ya lo tenemos. Él ya ha derramado Su amor en nuestros corazones por Su Espíritu (Ro. 5:5). No solo se nos imputa justicia; somos renovados para vivir una vida en rectitud.

Toda fe que es verdadera en Cristo, por la obra del Espíritu en los creyentes, resulta en buenas obras para la gloria de Dios. Aquellos a quienes el Espíritu aplica la justificación, Él también los capacita para la santificación. La santificación no es instantánea ni fácil. Más bien, es progresiva, demanda esfuerzo y es mucho más lenta de lo que quisiéramos. En esta vida no alcanzaremos la perfección. Pero cuando rechazamos el falso evangelio del perfeccionismo, también rechazamos el falso evangelio del derrotismo. No somos perfectos. Tampoco el pecado nos ha derrotado. Seguimos al que es Perfecto y quien nos concede obediencia. Además, nuestro Consolador mora dentro nuestro para guiarnos por senderos de rectitud. Pero eso no es todo.

Logros aplicados a nosotros: La perseverancia y la glorificación

El Espíritu también preserva a los cristianos hasta el fin. Quienes pertenecen a Cristo en el Espíritu no pueden perderse. Esta gloriosa verdad es la doctrina de la perseverancia.

La Biblia exhorta a todos los creyentes a perseverar hasta el fin (Ro. 2:7-8). Sin embargo, los cristianos son advertidos de las amenazas que están presentes en todas partes, todos conocemos historias de personas que se han alejado. Entonces, ¿puede la gracia, que se ha empezado en nosotros, no completarse en nuestras vidas?

Si la perseverancia en la fe dependiera de ti, sería imposible lograrlo. No podrías hacerlo. Pero con el Espíritu obrando en los cristianos, todo lo que el Padre le ha dado al Hijo vendrá a Él. Nadie nos arrancará de Su mano (Jn. 6:37; 10:28). El Dios que salva a Su pueblo es el mismo Dios que guarda a Su pueblo hasta el final. El buen anticipo del Espíritu Santo nos llevará hasta la gloria. El Espíritu nos visitará en medio de la tribulación de esta vida, nos ayudará en nuestra batalla contra el pecado y el Espíritu nos llevará a la gloria, donde convertiremos nuestras espadas en herramientas de paz y la batalla será ganada.

Hay un gran consuelo en la vida cristiana. Tenemos la seguridad de la salvación no por nuestras obras, no por nuestro desempeño espiritual, sino porque somos sellados para siempre y guardados para siempre por el Espíritu. Perseveraremos porque Él nos preservará.

En la estela de todo lo miserable y arruinado en este mundo de pecado y dolor, mira cómo el Dios trino ha venido a nuestro rescate.

¿Qué está mal en el mundo? El pecado.
¿Qué ha hecho Dios?
Dios el Padre envió al Hijo.
Dios el Hijo logró la salvación.
Dios el Espíritu aplica en nosotros la salvación.

No es un milagro pequeño

Así que adelante y trabaja junto a la tercera persona de la Trinidad con señales y maravillas. ¡Qué obra milagrosa del Espíritu es la regeneración, que nuestro corazón de piedra sea vivificado por la fe! ¡Qué asombroso milagro que nuestro Consolador pueda entrenar nuestros deseos hacia la justicia, que nuestra obediencia nos identifique con claridad como hijos de Dios! ¡Qué señal es más potente, qué maravilla es más grande que una vida marcada por la sumisión perseverante a Dios por el poder de nuestro Consolador, el Espíritu! Las obras maravillosas de nuestra salvación son dignas de cada emoción que pueda generar, de cada piel de gallina que pueda producir y la Persona que hace que suceda, la cual eternamente procede del Padre y del Hijo, es digna de nuestra adoración.

Tú eres un teólogo

Reflexiona

1. Mira hacia atrás, a los cinco conceptos comunes y erróneos sobre el Espíritu Santo. ¿Cuál de ellos has creído personalmente? ¿Cuál cree tu iglesia? ¿Cómo ha desafiado este capítulo tu perspectiva sobre la identidad y la función del Espíritu?

2. ¿De qué manera el concepto de la unión con Cristo te da seguridad personal y específica? ¿Qué pecado pasado o presente crees que Él no puede perdonarte? ¿Qué circunstancia pasada, presente o futura temes que pueda arrancarte de Su mano?

3. ¿Cómo has visto al Espíritu obrando en tu santificación? ¿Cómo ha funcionado el Espíritu como Ayudador y Consejero?

4. ¿Cómo has conocido al Espíritu como el que preserva tu salvación? ¿Qué dudas puedes disipar al saber que estás sellado en Él y que Él es la garantía de que serás glorificado?

Ora

A continuación tenemos la oración de Agustín al Espíritu Santo. Medita en cada línea, anotando en el margen las peticiones específicas para tus propios pensamientos, trabajo, amores y batallas. Luego repite la oración de Agustín en voz alta, agregando tus peticiones personales.

Sopla en mí, Espíritu Santo,
para que todos mis pensamientos sean santos.

Muévete en mí, Espíritu Santo,
para que mi trabajo también sea santo.

Atrae mi corazón, Espíritu Santo,
para que pueda amar solo lo que es santo.

Fortaléceme, Espíritu Santo,
para que pueda defender todo lo que es santo.

Protégeme, Espíritu Santo,
para que siempre sea santo.

—Agustín de Hipona (354-430 d. C.)

CAPÍTULO 9

¿A dónde pertenecemos?

Eclesiología: La doctrina de la iglesia

Breve definición: *La iglesia es la familia de Dios que es creada por el Padre a través de la Palabra, guiada por el Hijo y llena del Espíritu. Es universal, local y conmemorativa.*

En 1965, una familia que amaba mucho la música llegó a los corazones de los estadounidenses y nunca más se fue. La película *La novicia rebelde* fue lanzada con gran éxito y múltiples premios. Se convirtió en la película más taquillera de la historia, mantuvo ese honor durante cinco años consecutivos y su popularidad mundial permanece hasta la fecha, ubicándola como un clásico cinematográfico que ha perdurado en el tiempo. *La novicia rebelde* ofrecía algo más que una partitura pegadiza; ofrecía una historia convincente. Es la historia de una mujer que no tiene familia y que encuentra una que no estaría completa sin ella. Es una historia sobre pertenencia, compromiso, creencias y propósitos compartidos. Toca el corazón de cualquiera que haya conocido la soledad y anhelado pertenecer.

Como todas las grandes historias, *La novicia rebelde* perdura en su atractivo porque no está contando una nueva historia, sino una antigua. Una verdadera. La Biblia habla del valor y la necesidad de la pertenencia, el compromiso, las creencias y el propósito compartido. En los últimos años, los mensajes evangelísticos han enfatizado una invitación a una relación personal con Jesucristo. Sin duda, en nuestra cultura individualista, este mensaje tiene un cierto atractivo. Pero así como la historia de Maria Von Trapp encuentra su belleza en el individuo que es parte de una familia, también lo hace la historia de nuestra salvación. Cristiano, aquí hay buenas noticias: no existe tal cosa como «tú en una relación personal con Jesucristo». Ser creyente es estar en relación tanto con Dios como con Su iglesia.

Llamamos al estudio de la iglesia: *eclesiología*, la cual viene de la palabra griega *ekklesía*, que significa «reunión» o «asamblea». La doctrina de la salvación declara las buenas nuevas de que pertenecemos a Dios. La doctrina de la iglesia declara las buenas nuevas de que nos pertenecemos unos a otros. En una era de individualismo, el llamado a pertenecer es a la vez contracultural e irresistible. El «individualismo cristiano» es un oxímoron. Estamos llamados no solo a creer en la iglesia, sino a pertenecer a ella, tanto a la iglesia universal como a la iglesia local.

La iglesia universal está formada por todos los creyentes, de todos los tiempos y de todos los lugares. La iglesia universal se extiende hacia *afuera* a cada nación, tribu y lengua, hacia *atrás* a través del tiempo a todas las generaciones anteriores de creyentes y hacia *adelante* a todas las generaciones futuras de creyentes. La visión de Juan en Apocalipsis nos muestra una foto de la iglesia universal, donde cada nación, tribu y lengua adora ante el trono de Dios. La iglesia universal recuerda a los creyentes la belleza de nuestra unidad fundamental en Cristo, sin importar nuestro contexto particular.

La iglesia local es la reunión encarnada de cristianos en un tiempo y en un lugar particular, centrada en torno a la proclamación de la Palabra y la celebración de las ordenanzas (más sobre eso en un momento). Estas iglesias locales pueden hablar diferentes idiomas, pensar ligeramente diferente en temas secundarios y expresar adoración a través de estilos diferentes, cada uno buscando dar a conocer la gloria de Dios desde donde están, cada uno en su contexto particular. La iglesia local recuerda a los creyentes la belleza de la diversidad que existe entre los hijos de Dios.

Volveremos a hablar de la iglesia local más adelante en este capítulo, pero empecemos expandiendo nuestra comprensión de la iglesia en términos generales. El Nuevo

Testamento nos da múltiples metáforas para enseñarnos sobre la naturaleza y la función de la iglesia. Nos pide que consideremos a la iglesia como una familia, un templo, un sacerdocio, un peregrino, un cuerpo y una novia. Estas metáforas tienen aplicación tanto para la iglesia universal (la iglesia a través de los siglos) como para la iglesia local (tu iglesia en tu contexto específico).

La iglesia es una familia

En el capítulo anterior, vimos el Pentecostés como el día en que el Espíritu fue soplado en el pueblo de Dios. Debido a que el Espíritu está en cada cristiano, estamos unidos no solo con Cristo, sino también unos con otros. Pentecostés marca el nacimiento de la iglesia y así como sucede con el nuevo nacimiento que cada uno de nosotros experimenta en Cristo, la iglesia tampoco decide nacer. Es traída a la vida por el Padre a través de la Palabra. La iglesia llega a existir a través de la proclamación del evangelio cuando el Padre y el Hijo derraman el Espíritu para crear un nuevo tipo de familia. La iglesia no se trae a existencia a sí misma: Cristo, la cabeza de la iglesia, la hace existir al hacer que los muertos cobren vida a través de Su Palabra (Hch. 2).

Jesús habla del nuevo tipo de familia que se forma en nuestra salvación. Un día, cuando Él estaba enseñando, es interrumpido y le dicen que Su madre y Sus hermanos están esperando para hablar con Él. Jesús aprovecha la oportunidad para instruir a los que escuchan:

> Pero Jesús respondió al que le informó: «¿Quién es Mi madre, y quiénes son Mis hermanos?». Y extendiendo la mano hacia Sus discípulos, dijo: «¡Miren, aquí *están* Mi madre y Mis hermanos! Porque cualquiera que hace la voluntad de Mi Padre que está en los cielos, ese es Mi hermano y Mi hermana y Mi madre». (Mt. 12:48-50)

Jesús no está minimizando la importancia de nuestras conexiones familiares sanguíneas. Más bien, Él está expandiendo nuestra comprensión de la importancia de nuestra familia espiritual. Cuando somos adoptados por Dios a través de Cristo, nos convertimos en parte de la familia de Dios. Esta es una noticia extremadamente buena. Sin importar nuestra familia de origen o estado civil, sin importar si somos hijos únicos o tenemos muchos hermanos, sin importar si somos padres o no, sin importar si fuimos amados o descuidados por nuestros padres terrenales, sin importar si estamos solteros o somos casados, divorciados, viudos, infértiles, jóvenes, viejos, ricos, pobres, judíos o gentiles, hombres o mujeres; todos los cristianos pertenecen a la familia de Dios.

Considera la metáfora de la iglesia como una familia. Esta familia está marcada por el amor mutuo. El amor fraternal entre hermanos y hermanas está destinado a impregnar a todas las familias de la iglesia, ya que el mandato de amarse unos a otros es uno de los mandamientos más consistentes para la iglesia en el Nuevo Testamento. De hecho, no hay tal cosa como un cristiano que no muestra amor fraternal: «Que el que ama a Dios, ame también a su hermano» (1 Jn. 4:21).

En medio del dolor cultural y la tristeza personal por la soledad, el distanciamiento y el aislamiento, la iglesia tiene el propósito de ser un remedio redentor. En la iglesia estamos destinados a experimentar una hermandad sagrada y una misión compartida que todos anhelamos.

La iglesia es un templo

La familia no es la única metáfora que el Nuevo Testamento le da a la iglesia. Pablo le recuerda a la iglesia de Corinto,

> ¿No saben que *ustedes* son templo de Dios y que el Espíritu de Dios habita en *ustedes*? Si alguno destruye el templo de Dios, Dios lo destruirá a él, porque el templo de Dios es santo, y eso es lo que *ustedes* son. (1 Co. 3:16-17, énfasis añadido)

¿Lees las palabras de Pablo en esta porción y piensas en ti mismo, el individuo, como el templo de Dios? En 1 Corintios 6,

Pablo ciertamente se dirigirá al individuo de manera similar, pero aquí está haciendo un argumento más amplio. Él está hablando de la iglesia.

El teólogo, de Texas, John Dyer, ha notado la tendencia de leer estos pasajes de forma individual y el problema que ha creado al hacerlo así. Casi cuatro mil ochocientos versículos en la Biblia contienen la palabra en español «tú o ustedes», pero en inglés no se hace distinción entre el uso de la segunda persona singular o plural como se hace en el idioma original. Para ayudar con el problema, Dyer creó una extensión que convierte los usos originales del plural en segunda persona de «tú» a «ustedes». Lo llamó, magníficamente, el *Texas Biblia Plug-in* [La extensión tejana de la Biblia].[10] En español sí podemos ver claramente esa diferencia en el énfasis:

> ¿No saben que *ustedes* son templo de Dios y que el Espíritu de Dios habita en *ustedes*? Si alguno destruye el templo de Dios, Dios lo destruirá a él, porque el templo de Dios es santo, y eso es lo que *ustedes* son.

Pablo no te está describiendo a ti, el individuo, sino a nosotros, el cuerpo colectivo de creyentes. Nosotros, la iglesia, somos el templo de Dios, habiendo recibido el Espíritu colectivamente en Pentecostés. Pedro hace referencia de las imágenes del templo cuando describe a los creyentes como piedras vivas que se edifican como una casa espiritual (1 P. 2:5).

El mismo Espíritu que sopló vida a través del templo del jardín del Edén, el mismo Espíritu que sopló vida a través del tabernáculo y el templo del Antiguo Testamento, ese mismo Espíritu sopla vida a través de la iglesia.

Esta es la esencia de la declaración que Jesús hace a la mujer en el pozo cuando hace una pregunta sobre el lugar correcto para la adoración: «Pero la hora viene, y ahora es, cuando los verdaderos adoradores adorarán al Padre en espíritu y en verdad» (Jn. 4:23). En lugar de ir a un tabernáculo o a un templo para vivenciar la presencia de Dios, la iglesia ahora está habitada por el Espíritu y disfruta, de una forma especial, de la presencia y el cuidado de Dios en el mundo.

La iglesia es un sacerdocio

El apóstol Pedro hace referencia a otra poderosa metáfora para la iglesia, basándose en la promesa de Dios a Israel en el Antiguo Testamento. Al pie del Sinaí, Dios le dice a Israel que recién ha sido liberado de Egipto: «Ustedes serán para Mí un reino de sacerdotes y una nación santa» (Ex. 19:6). Con la venida de Cristo, el Espíritu empieza a cumplir esta promesa en la iglesia del Nuevo Testamento. Pedro se refiere a la iglesia como aquellos que son «edificados como casa espiritual para un sacerdocio santo, para ofrecer sacrificios espirituales aceptables a Dios por medio de Jesucristo» (1 P. 2:5). La iglesia es apartada por Dios para ofrecer sacrificios espirituales para Su gloria.

En lugar de solo apartar a un grupo de personas para ofrecer un servicio especial a Dios, a todos los creyentes se les da ese precioso privilegio y deber sagrado. Todos los hombres, todas las mujeres, todos los niños y ancianos, cada nación, tribu y lengua. ¿Qué tipo de sacrificios ofrecemos? Según Pablo, todo nuestro ser: «Por lo tanto, amados hermanos, les ruego que entreguen su cuerpo a Dios por todo lo que él ha hecho a favor de ustedes. Que sea un sacrificio vivo y santo, la clase de sacrificio que a él le agrada. Esa es la verdadera forma de adorarlo» (Ro. 12:1, NTV). Es decir, amamos a Dios con corazón, alma, mente y fuerza en todo lo que pensamos, decimos y hacemos.

En Apocalipsis, vemos que Aquel que empezó una buena obra en Su iglesia será fiel para completarla. Los cuatro seres vivientes y los veinticuatro ancianos proclaman que el Cordero es digno de adoración, porque «los *has hecho* un reino y sacerdotes para nuestro Dios» (Ap. 5:10, énfasis añadido).

La iglesia es un peregrino

Pedro también se encarga de recordarle a la iglesia su condición de expatriados elegidos, extranjeros y peregrinos, residentes temporales en el camino a nuestro verdadero hogar (1 P. 1:1; 2:11). Entendemos que estamos de paso, es por eso que no echamos raíces. Pedro está aludiendo al exilio de Israel en el Antiguo Testamento y al ejemplo de Abraham, Isaac y Jacob que vivieron toda su vida como extranjeros de tiendas, esperando el cumplimiento de la promesa de Dios (He. 11:9-10).

El testimonio del exilio es uno de gratificación tardía y también debe serlo para la iglesia. Debemos ser buenos esperando. No debemos esperar que este mundo nos ayude a sentirnos cómodos. Más bien, debemos esperar ser tratados como forasteros porque parecemos forasteros. Debemos levantar nuestros ojos a la ciudad venidera. Al igual que Abraham el extranjero, estamos esperando «la ciudad que tiene cimientos, cuyo arquitecto y constructor es Dios» (He. 11:10). Un día, esa ciudad descenderá y el tabernáculo de Dios estará entre los hombres (Ap. 21:3).

Hasta que llegue ese día, este mundo será hostil a la iglesia de Jesucristo. Pero cuando nos sentimos más como peregrinos, podemos saber con certeza que pertenecemos a Dios y que nos pertenecemos el uno al otro. ¡Cuán dulce es el viaje a través de una tierra extraña cuando es compartido por aquellos con la misma esperanza y el mismo Espíritu!

La iglesia es un cuerpo

Para ayudarnos a entender nuestra interconexión e interdependencia, así como nuestras contribuciones individuales,

Pablo describe a la iglesia como el cuerpo de Cristo. El Nuevo Testamento nos enseña que todos nos pertenecemos unos a otros, como un solo cuerpo, pero cada uno de nosotros tiene funciones individuales. Haciendo hincapié en la unidad y diversidad de la iglesia, Pablo les dice a los corintios: «Nosotros, que somos muchos, somos un cuerpo» (1 Co. 10:17). Un cuerpo físico está hecho de muchas partes que trabajan juntas, que han sido traídas a la vida por un espíritu. De modo que, la iglesia está conformada de muchas personas distintas con diferentes dones, todas animadas por el Espíritu de Dios. Nuestras diferencias son fortalezas, no desventajas, y la competencia y el favoritismo no deberían tener espacio en la iglesia.

Pero la metáfora de un cuerpo también nos ayuda a verlo de otra manera, al señalarnos nuestro testimonio: Así como el cuerpo de Cristo en la encarnación hizo posible que Él actuara como un representante físico de Dios, así también la iglesia es la representación física de Dios en el mundo de hoy, viviendo sacrificialmente según el patrón de Cristo. La iglesia, entonces, debe tener pies que sean rápidos para llevar las buenas nuevas del evangelio, manos que sean rápidas para servir a los pobres y marginados, palabras que sean rápidas para alentar y exhortar a los cansados y oprimidos y oraciones que sean rápidas para interceder por los que son indigentes espirituales.

La metáfora de un cuerpo también nos ayuda a entender que nuestra importancia es relativa. Pablo nos dice en Efesios 1:22-23 que el cuerpo, que es la iglesia, tiene una cabeza y esa cabeza es Cristo. Con esto, entendemos que no estamos a cargo. Nos sometemos a nuestra cabeza, buscando vivir como Él nos manda. Los deseos del individuo se someten ante los deseos del resto. Los deseos del resto se alinean con los deseos de la cabeza. Decimos junto con Pablo: «Creceremos en todos *los aspectos* en Aquel que es la cabeza, *es decir*, Cristo, de quien todo el cuerpo, estando bien ajustado y unido por la cohesión que las coyunturas proveen, conforme al funcionamiento adecuado de cada miembro, produce el crecimiento del cuerpo para su propia edificación en amor» (Ef. 4:15-16).

La iglesia es una novia

Al final, se nos da la metáfora de la iglesia como una novia. Pablo compara el matrimonio de un esposo y una esposa con el matrimonio de Cristo con su novia, la iglesia: «Grande es este misterio, pero hablo con referencia a Cristo y a la iglesia» (Ef. 5:32). Pablo muestra que la iglesia ahora está unida con Cristo en una unión inquebrantable. En el Antiguo Testamento, Israel fue representado metafóricamente como una esposa, aunque como una que es infiel. Se habla de la iglesia como una novia prometida que debe ser presentada sin mancha el día de su boda.

Pablo habla de su deseo de ver a la iglesia permanecer pura en su compromiso: «Porque celoso estoy de ustedes con celo de Dios; pues los desposé a un esposo para presentarlos *como* virgen pura a Cristo» (2 Co. 11:2). Cuando la iglesia se entiende a sí misma como una novia en espera, la pureza se vuelve primordial. La santidad se vuelve una prioridad. Como señalamos en el capítulo sobre el Espíritu Santo, la santidad posicional es nuestra en Cristo, pero la santidad práctica es la tarea de la novia mientras espera a su Esposo.

Una vez más, el concepto de espera aparece en nuestra comprensión del papel de la iglesia. El libro de Apocalipsis habla de las bodas del Cordero:

> «¡Aleluya!
> Porque el Señor nuestro Dios
> Todopoderoso reina.
> Regocijémonos y alegrémonos, y démosle a
> Él la gloria,
> Porque las bodas del Cordero han llegado y
> Su esposa se ha preparado».
> Y a ella le fue concedido vestirse de lino
> fino, resplandeciente *y* limpio,
> Porque las acciones justas de los santos
> son el lino fino. (Ap. 19:6-8)

Nota que «Su esposa se *ha preparado*»: La buena obra que Él empezó en Su iglesia se ha completado. Sus actos justos, fortalecidos por el Espíritu, la han apartado como santa. La iglesia es una novia que espera el día de su boda, preparándose laboriosamente al caminar en justicia.

La iglesia local: Sus líderes y prácticas

Ahora, pasemos de lo metafórico a lo práctico. Habiendo considerado cómo es la iglesia, ¿cómo debería funcionar la iglesia local en la práctica? ¿Quién la dirige? ¿Y cuáles son sus prácticas esenciales? Como señalamos, la cabeza de la iglesia es Cristo (Col. 1:18). En cualquier discusión sobre quién dirige la iglesia, nunca debemos olvidar que Jesús dirige Su iglesia. Nuestras tradiciones diversas están llenas de líderes con diferentes títulos y funciones, pero en última instancia, todos los líderes de la iglesia son solo subpastores, mayordomos temporales, porque la iglesia pertenece a Jesús. Jesús está presente y activo en Su iglesia. Él distribuye los beneficios de Su salvación a través de la Palabra y por Su Espíritu.

La Biblia habla de cómo las iglesias deben organizarse, pero a veces no en la medida en que muchos desean. Esto ha llevado a la diversidad de diferentes tradiciones cristianas que organizan sus estructuras de gobierno de diversas maneras. Algunos han enfatizado la autoridad centralizada y otros la autonomía local. Si bien los cristianos pueden estar en desacuerdo sobre cómo se gobierna mejor la iglesia, como mínimo podemos ver tres roles u oficios simples que ayudan a la iglesia a funcionar.

Un oficio en una iglesia local es el de *anciano/pastor*, que significa maestro o líder. Él es quien guía a la iglesia a través de la predicación, la enseñanza, la protección de la iglesia de la falsa doctrina y la oración. Jesús levanta a los pastores para supervisar y dirigir las iglesias locales (1 Ti. 3; Tit. 1; 1 P. 5).

Un segundo oficio en una iglesia local es el de *diácono*, que significa siervo. Los diáconos sirven a la iglesia de varias maneras al apoyar el trabajo de los ancianos y su liderazgo (1 Ti. 3:8-13). El ministerio no es solo predicar y orar; también hay trabajo administrativo por hacer. La iglesia primitiva aprendió esta lección en Hechos 6:1-6 cuando los miembros de la iglesia estaban siendo descuidados en la distribución de alimentos debido a la falta de supervisión administrativa. En lugar de que los apóstoles asumieran esta carga sobre sí mismos, nombraron siervos para atender las necesidades administrativas diarias de la iglesia. Esto permitió que el ministerio de la predicación y la oración continuara y que la iglesia fuera atendida administrativamente.

Si conoces a alguien que sirve a la iglesia en la administración, agradécele. Es probable que sean un regalo para ese cuerpo. Otra forma en que puedes servir a esa iglesia es al dar fielmente. El ministerio de cualquier cuerpo local solo puede continuar a través de la entrega fiel y sacrificial del cuerpo.

Finalmente, todas las iglesias locales están formadas por *miembros*. Aunque técnicamente no es un oficio, los miembros son la esencia de cualquier iglesia local. Los miembros son los creyentes individuales que están conectados a un cuerpo local de Cristo (Ef. 4:12). Esto significa que los miembros de la iglesia deben reunirse para adorar a Dios y celebrar el evangelio. La membresía en una iglesia es más que solo ser parte del listado en un directorio de membresía en algún lugar: es estar conectado significativamente a un grupo local de cristianos. La vida cristiana no está destinada a ser vivida aisladamente, sino semanalmente en el contexto de la iglesia local.

En una época en la cual ha disminuido la asistencia a la iglesia entre los cristianos profesantes, necesitamos el recordatorio de Hebreos 10:24-25: «Consideremos cómo estimularnos unos a otros al amor y a las buenas obras, no dejando de congregarnos, como algunos tienen por costumbre, sino exhortándonos *unos a otros*, y mucho más al ver que el día se acerca». Reunirnos es la forma cómo cosechamos el ánimo mutuo que necesitamos para continuar en el amor y las buenas obras. Como una familia, que cena junta de forma frecuente, es capaz de mantener una fuerte identidad familiar que protege contra comportamientos riesgosos, así también la iglesia reunida nos fortalece para la lucha diaria contra el pecado. Cuanto más tiempo dediquemos a participar en la iglesia local, más nos moldearán su impacto formativo. Cuanto menos tiempo le dediquemos, será el mundo que nos rodea quien más dicte la forma y la salud de nuestras vidas espirituales.

Pero ¿qué prácticas son esenciales para la iglesia local? Cada comunidad tiene estilos o rituales que ayudan a sus miembros a celebrar, aprender y recordar quiénes son. Los sociólogos y filósofos han llamado a estos «imaginarios sociales» o «universos simbólicos», que es una forma elegante de decir: estilos que ayudan a un grupo de personas a mantener un significado y una historia en común. Los países pueden hacer esto cuando llevan a cabo sus celebraciones patrióticas, donde conmemoran un evento importante, como el día de la independencia. Los equipos deportivos hacen esto a través de las canciones que entona la hinchada. Las comunidades del *fitness* usan palabras específicas para los entrenamientos y las puntuaciones. Las familias desarrollan bromas internas o rituales festivos compartidos. Cada comunidad que desea permanecer intacta mantiene estilos y rituales que comparten, los cuales les ayudan a contar su historia y la iglesia no es ajena a esto. Nosotros también tenemos estilos que nos han sido dados por Cristo, los cuales nos ayudan a recordar el evangelio. La iglesia local en específico se reúne alrededor de la Palabra y los sacramentos para recordar el evangelio unos con otros.

La iglesia se reúne alrededor de la Palabra porque es la Palabra de vida. Al igual que los discípulos en Juan 6 cuando otros están abandonando a Jesús, debemos reconocer que no tenemos otro lugar a donde ir sino a la Palabra de vida. Cada iglesia local debe organizarse en torno a la proclamación de las Escrituras en sermones, clases, grupos y planes de estudio. La Palabra de Dios es el alma misma de la iglesia y el medio por el cual el Espíritu edifica, construye, fortalece y santifica a la iglesia. La iglesia es una comunidad centrada en la Palabra.

Además de la Palabra, la iglesia se reúne alrededor de los sacramentos u ordenanzas, los cuales son prácticas físicas que nos recuerdan lo que Cristo ha logrado. Jesús ofrece a la iglesia dos prácticas principales en el bautismo y en la Cena del Señor. Estos estilos nos ayudan a ver hacia atrás en memoria de lo que Él ha hecho y a ver hacia adelante en anticipación de lo que Él aún hará.

Bautismo

El bautismo es la celebración inicial de entrar en la familia de Cristo. Jesús ordena a Sus discípulos que bauticen a los nuevos miembros de la familia en el nombre trino mientras proclaman el evangelio a las naciones (Mt. 28:19). La palabra *bautizar* en el Nuevo Testamento significa lavar ceremonialmente con el propósito de purificar por agua. Aunque existen desacuerdos importantes sobre varias de las formas y los candidatos para el bautismo, todos los cristianos están de acuerdo en que el bautismo marca a los nuevos miembros de la familia. Significa nuestro ingreso a la familia.

Con frecuencia Dios usa el agua para marcar eventos significativos en la historia redentora. El Espíritu que se movía sobre las aguas en la creación, el diluvio, la separación del Mar Rojo y el cruce del río Jordán son, en cierto sentido, sombras de la realidad más grande que tenemos en el bautismo. El bautismo es la práctica en la que proclamamos que Dios trae orden en el caos, destruye al enemigo del pecado y da a luz a nuevas personas en Su familia y que Él estará presente con nosotros para siempre.

En el bautismo recordamos que hemos muerto con Cristo, a través de la fe, que nuestros pecados han sido perdonados y que hemos sido lavados. Testificamos que el Espíritu de Dios ha sido derramado sobre la iglesia y se nos ha dado nueva vida en Cristo. El bautismo nos recuerda que Dios ha venido a morar con nosotros en Su Espíritu y que en el futuro, resucitaremos de la tumba para morar con Dios para siempre. El bautismo nos recuerda que Dios está conquistando las fuerzas caóticas del mundo (Satanás, pecado, muerte), sometiéndolas a juicio, para extender Su reino a todas las naciones. El bautismo nos recuerda que nosotros, que hemos salido del agua, hemos sido crucificados con Cristo, sepultados en Su muerte y resucitados para caminar en una vida nueva como hijos e hijas de Dios (Ro. 6:1-4).

La Cena del Señor

En la Cena del Señor estamos invitados a la cena familiar. Si bien el bautismo es la celebración de iniciación en la iglesia, la Cena del Señor es la celebración continua de ser guardados en la familia de Dios. No solo somos traídos a la familia, sino que también somos preservados en la familia.

Al igual que con el bautismo, existen desacuerdos importantes en todas las tradiciones con respecto a la práctica de la Cena del Señor. Pero todos los cristianos están de acuerdo en que Jesús inició esta celebración con Sus discípulos en Su última cena como una que debe realizarse continuamente. En la cena de la Pascua justo antes de Su crucifixión, Él enseña a Sus discípulos a recordar todo lo que Él ha logrado para Sus hermanos y hermanas (Mt. 26:26-29). Reinterpretó la cena de la Pascua del éxodo: el pan es Su cuerpo que fue partido en la cruz, la copa de vino es Su sangre que fue derramada. Él ordena a Sus discípulos que coman esta cena cuando se reúnan, hasta que Él regrese.

En la Cena del Señor recordamos que el cuerpo de Jesús fue aplastado y Su sangre derramada para el perdón de los pecados. En la Cena del Señor, no solo estamos viendo hacia atrás, a la cruz, sino que también estamos viendo hacia el reino. Estamos anticipando que un día disfrutaremos de una cena en el reino con nuestro Rey (Ap. 19:6-9).

La Palabra, el bautismo y la Cena del Señor están destinados a ser intrínsecos en la vida de la iglesia local y practicados como expresiones compartidas de nuestra fe. En una era hiperindividualista, estas señales de nuestra fe a veces se han reducido a ser principalmente o por completo sobre la experiencia del individuo, en lugar de sobre la conexión de ese individuo con la comunidad de la iglesia. Cuando la iglesia se reúne en torno a la Palabra y participa en estos rituales sagrados, proclamamos el evangelio juntos. Nos recordamos a nosotros mismos y anunciamos al mundo que este no es nuestro hogar.

Una pregunta que nos hacen con mucha frecuencia es: «¿Cómo encuentro una iglesia saludable?». Nos encanta esta pregunta porque creemos que participar de forma frecuente en la iglesia local es absolutamente esencial para la madurez espiritual de los cristianos. De hecho, no hay nada que lo reemplace.

Reconocemos que no hay una iglesia perfecta. Cada iglesia tiene sus defectos. A veces esos defectos son fatales. Algunas iglesias pierden el evangelio, pierden su autoridad y son relegadas a la muerte espiritual (Ap. 2).

Pero otras veces lo que se ve como un defecto es en realidad solo una expectativa poco realista. Especialmente en una época en la que podemos escuchar a los mejores predicadores en línea o saltar de iglesia en iglesia cada ciertos años. ¿Qué se debe tener en cuenta para encontrar una iglesia saludable y amarla de la manera en la que Jesús lo hace?

Cuando busques una iglesia local, te animamos a pensar en este tipo de preguntas:

- ¿Esta iglesia prioriza las buenas nuevas de Jesucristo?
- ¿Esta iglesia tiene una postura elevada de la Palabra de Dios en la predicación y en otros ministerios de la iglesia?
- ¿La doctrina de esta iglesia se alinea con la fe cristiana histórica?
- ¿La iglesia desea verme crecer, en el contexto de la comunidad, en mi amor a Dios y al prójimo?
- ¿La iglesia realiza con regularidad las ordenanzas del bautismo y la comunión?

Buscar una iglesia buena puede ser un desafío. Pero encontrar una vale todo el esfuerzo. Es un regalo extraño y precioso saber a dónde perteneces, porque es haber encontrado una familia y un hogar. La doctrina de la iglesia nos señala hacia esa seguridad.

Cristo nos ha asegurado una familia y un hogar. Nos pertenecemos unos a otros y a Dios. Nos pertenecemos unos con otros y con Dios. Esperamos la venida del Rey y del reino, con los ojos fijos en el horizonte, hombro con hombro, tomados de la mano.

Tú eres un teólogo

Reflexiona

1. De las seis metáforas ofrecidas para la iglesia (familia, templo, sacerdocio, peregrino, cuerpo, novia), ¿con cuál te relacionas más fácilmente? ¿Cuál desafía más tu comprensión de la iglesia?

2. ¿Cómo ha impactado nuestra cultura individualista tu posición sobre lo que significa ser un líder o miembro en la iglesia local?

3. ¿Cuál consideras que es el aspecto más riesgoso de la práctica colectiva de nuestra fe? ¿Qué te hace sentir seguro al respecto? ¿Qué te pide y qué te da ser parte de algo más grande que tú mismo?

4. ¿Qué lugares de pertenencia te atraen que no sean la iglesia? ¿Está mal querer ser parte de otro lugar? ¿Por qué sí o por qué no?

Ora

Usando cada una de las metáforas que hemos considerado (familia, templo, sacerdocio, peregrino, cuerpo, novia), escribe una oración por tu iglesia local. Gracias a Dios por cada forma en la que ves que estas metáforas son modeladas fielmente. Confiésale a Él los espacios que hay para el crecimiento. Confiesa cómo has contribuido activa o pasivamente a una postura inferior de la iglesia. Pídele enérgicamente que traiga santidad en Su iglesia.

Señor, que tu iglesia sea una familia…

Señor, que tu iglesia sea un templo…

Señor, que tu iglesia sea un sacerdocio…

Señor, que tu iglesia sea un peregrino…

Señor, que tu iglesia sea un cuerpo…

Señor, que tu iglesia sea una novia…

CAPÍTULO 10

¿Cómo termina la historia?

Escatología: La doctrina de las últimas cosas

Breve definición: *Nuestra esperanza futura es que Cristo regresará, resucitará a los muertos, ejecutará la justicia perfecta y establecerá Su reino eterno. La muerte no tiene la última palabra.*

Pregunta rápida: ¿Cuál es la peor película de todos los tiempos y por qué es *Titanic*? La respuesta, por supuesto, es por la forma como termina. A todos nos encantan las buenas historias y una historia bien contada construye en nosotros una disonancia que nos hace anhelar un final satisfactorio. Si la historia está bien armada, la audiencia naturalmente pensará en el futuro y hará la pregunta: «¿Cómo terminará todo esto?». Las historias que permanecen en el tiempo son las que tienen los finales más satisfactorios, finales que resuelven la disonancia que la historia ha construido. Hemos utilizado historias como estas en el contenido de este libro: niños rescatados de cuevas, astronautas que volvieron a salvo a casa, institutrices melodiosas que encuentran la felicidad y escapan del dominio nazi, historias que terminan bien, historias que alivian la tensión.

Pero entonces tenemos... *Titanic*. James Cameron, ¡vamos! Rose y Jack son personajes ficticios. ¡Ficticios! No había necesidad de (alerta de *spoiler*) enviarlos a una tumba marina. Claro, no había forma de salvar al barco o a John Jacob Astor IV, pero en serio, dale a la gente lo que quiere.

Hablando de finales satisfactorios, la historia de la Biblia no nos decepciona. Es, de hecho, el final más satisfactorio que podríamos esperar o imaginar. Anhelamos un buen final porque estamos viviendo en una historia que ciertamente tiene uno y sentimos la disonancia de nuestro lugar en la trama.

Vivimos en un tiempo en el que de forma generalizada se ha asumido la creencia deprimente que nos llena de ansiedad, donde se afirma que no hay una historia transversal que le dé sentido al mundo. No hay una gran historia en la cual participar. Por lo tanto, nuestras historias individuales terminan en nuestra propia felicidad o en absolutamente nada. Pero la conclusión inevitable (y diabólica) de una existencia sin historia es que nuestras vidas no tienen propósito, no tienen rumbo y, en última instancia, no tienen sentido.

El cristianismo rechaza firmemente esta idea. El propósito, la dirección y el significado final son nuestros en Cristo. Las historias nos recuerdan que todos estamos caminando hacia algo. Las historias significativas hacen que nuestras vidas cobren vida y todos queremos vivir en una historia que tenga sentido. La historia cristiana, la verdadera historia del mundo, hace precisamente eso.

Si ese es el caso, ¿hacia dónde estamos yendo? ¿Cuál es la meta, el *telos*, de la historia cristiana? La doctrina final que consideraremos juntos es la doctrina de los últimos tiempos o las últimas cosas. Llamamos al estudio de las últimas cosas: *escatología*, de la palabra griega *eschatos*, que significa «último» o «final». La doctrina de la escatología declara la buena noticia de que la muerte no tiene la última palabra. El final de esta historia es bueno.

Ten en cuenta lo siguiente: puedes guardar tus mapas de los últimos tiempos y tablas de profecía. Solo vamos a cubrir lo esencial. Si bien abundan las convicciones sobre asuntos secundarios como el milenio, la tribulación o el rapto, nos damos cuenta de que a veces estos temas atraen tanta atención que los cristianos pasan por alto los temas más importantes en la escatología, como el hecho de que Dios regresará para vivir con Su pueblo. Como dice el teólogo Alistair Begg: «Las cosas principales son las cosas simples y las cosas simples son las cosas principales».[11] Si bien tus convicciones importan, nos quedaremos en las «cosas simples» y esenciales para los propósitos de esta conversación.

Pero ¿qué tiene de simple la escatología? ¿Acaso todo no es extremadamente confuso? Es comprensible que nos sintamos de esta manera, considerando la cantidad de libros y películas sumamente pintorescas sobre el tema. Pero aléjate un poco de todo eso y disfruta del panorama general. Dios no nos daría una visión aterradora o que nos llenara de ansiedad como la última escena de una historia que tiene un final muy bueno. Uno de los aspectos más claros con respecto a la escatología es su propósito. El estudio de las últimas cosas está destinado principalmente para nuestro consuelo. La escatología está destinada en principio a animar a la iglesia en cuanto a lo esencial de nuestra esperanza futura. Temas como la muerte, el regreso de Cristo, la resurrección de entre los muertos, el juicio final y el reino eterno. Las reflexiones de los últimos tiempos no están destinadas a producir ansiedad, sino a traer consuelo.

Nuestro consuelo en la muerte corporal

La doctrina del fin de los tiempos nos consuela porque nos asegura que la muerte no es el final. La muerte es el gran nivelador de la humanidad. El profeta Isaías clama:

«Que toda carne es como la hierba,
y todo su esplendor es como la flor del campo.
Se seca la hierba, se marchita la flor
Cuando el aliento del Señor sopla sobre ella;
En verdad el pueblo es hierba.
Se seca la hierba, se marchita la flor,
Pero la palabra de nuestro Dios permanece
para siempre».
(Is. 40:6-8)

La hierba es una metáfora que se repite para la humanidad en la Biblia, que nos señala la naturaleza fugaz de nuestras vidas y la certeza de nuestras muertes. Si vivimos lo suficiente, todos experimentaremos la pérdida de alguien cercano a nosotros y si Jesús no regresa mientras estemos vivos, todos los que leemos este libro también moriremos un día.

Todos los seres humanos mueren porque la muerte es el pago por el pecado (Ro. 6:23). Estamos en un mundo caído, un mundo de decadencia, corrupción y muerte. La Biblia describe la muerte como el manto que cubre a todas las personas, es como un velo que cubre a todas las naciones (Is. 25:7). Pero ¿qué sucede cuando morimos?

Al morir, nuestros cuerpos materiales dejan de funcionar, pero nuestra alma continúa viviendo. Recuerda, los humanos son tanto cuerpo como alma. Al morir, nuestros cuerpos físicos, que son parte de lo que somos, mueren. Ya sea que nuestros cuerpos sucumban ante una enfermedad, ante un accidente fatal o al implacable proceso de envejecimiento, los devolvemos al polvo. Eclesiastés nos dice: «Todos van al mismo lugar. Todos han salido del polvo y todos vuelven al polvo» (Ecl. 3:20). Esto no es una buena noticia. Nuestra fuerza, nuestra salud, nuestra riqueza, nuestra fama, generosidad o humildad no pueden impedir que llegue este día. Todos los descendientes de Adán regresarán al polvo (Sal. 90:3).

Cada muerte es una tragedia porque los humanos no fueron hechos para volver a la tierra, porque fuimos tomados de ella. La muerte no trae salvación de ningún tipo: es un recordatorio de la maldición del pecado. Uno de nuestros buenos amigos dice: «Nunca llamemos "amigo" lo que Dios llama enemigo». La muerte es un enemigo.

Pero el que ocurra la muerte no es del todo una mala noticia. Marca el final del sufrimiento terrenal y para el creyente, marca nuestra entrada a la presencia de Dios. Esta es la razón por la que Pablo puede decir con confianza: «Pues para mí, el vivir es Cristo y el morir es ganancia» (Fil. 1:21). En el momento de la muerte, la unidad de nuestro cuerpo y alma se separa por un tiempo. Si bien nuestros cuerpos vuelven al polvo, nuestras almas continúan viviendo. Al morir, los creyentes son introducidos inmediatamente en la presencia de Dios, existiendo temporalmente como almas incorpóreas que esperan la resurrección de los muertos.

También es cierto que las almas de quienes no son cristianos entran inmediatamente en el tormento del juicio y la separación de Dios. Viven allí como almas incorpóreas que también están esperando la resurrección y el juicio final. Puede que estés leyendo esto después de haber perdido a un ser querido que no era creyente. Esta información es difícil y es difícil encontrar consuelo en ella. Tal vez el mayor desafío de nuestro limitado conocimiento y sabiduría como humanos es reconocer la bondad de Dios con nuestra mirada parcial y oscura. Si bien podemos ser capaces de aceptar intelectualmente la bondad de Dios, puede que nuestros corazones estén muy lejos de hacerlo. El Dios de compasión infinita nos ve en este transitar con ternura. Él sabe que no podemos entender lo que ha hecho de principio a fin (Ecl. 3:11).

Los cristianos pueden tener consuelo al saber que nuestros seres queridos creyentes y nosotros mismos, estaremos con el Señor al morir. Algunos teólogos han llamado a esto la visión beatífica, lo que significa que al morir vemos a Dios, la visión más hermosa que veremos. Pablo tiene tal deseo de estar con el Señor que dice: «Teniendo el deseo de partir y estar con Cristo, pues *eso* es mucho mejor. Sin embargo, continuar en la carne es más necesario por causa de ustedes» (Fil. 1:23-24). Él sabe que en el momento de la partida de nuestra alma de este mundo, estaremos con Cristo. Nos deleitaremos en Él y Él se deleitará en nosotros. ¡Qué consuelo es ese!

Sin embargo, también estamos esperando. A pesar del consuelo de que al morir nuestras almas estarán con el Señor, todavía estamos esperando la restauración de todas las cosas. Pablo destaca esta lucha:

> Porque sabemos que si la tienda terrenal que es nuestra morada, es destruida, tenemos de Dios un edificio, una casa no hecha por manos, eterna en los cielos. Pues, en verdad, en esta *morada* gemimos, anhelando ser vestidos con nuestra habitación celestial; y una vez vestidos, no seremos hallados desnudos. Porque asimismo, los que estamos en esta tienda, gemimos agobiados, pues no queremos ser desvestidos, sino vestidos, para que lo mortal sea absorbido por la vida.
> (2 Co. 5:1-4)

Él describe este estado intermedio como uno de desnudez, esperando los vestidos de nuestros cuerpos resucitados que están por venir.

La contemplación del estado intermedio es un consuelo temporal, porque el estado intermedio es en sí mismo temporal. Todas las personas entrarán en un estado intermedio, los cristianos a la bienaventuranza y los no cristianos al tormento, mientras todos esperamos la venida del Rey. La naturaleza inevitable de la muerte nos ayuda a contemplar nuestras vidas, nuestras relaciones y nuestro propósito. ¿Estamos viviendo en santidad y virtud? ¿Somos conscientes de nuestro pecado y de nuestra necesidad de un Salvador? ¿Estamos llamando a otros a arrepentirse y a creer? ¿Y realmente confiamos en que Dios es bueno en todos Sus tratos con los humanos?

Nuestro consuelo en el regreso de Cristo

La doctrina de los últimos tiempos nos consuela porque nos señala a un Rey que regresa para restaurar todo. El regreso triunfante a este mundo del Señor que ascendió es la razón por la que toda la creación está gimiendo. Jesús regresará visible, corporal y repentinamente para traer la plenitud de la salvación a todos los que lo están esperando. En la primera aparición de Cristo, Él trató de forma definitiva con el pecado en la cruz. En Su segunda aparición, Él traerá la plenitud de la salvación que ya logró.

Se ha escrito mucho sobre el momento preciso del regreso de Cristo y los factores o eventos que tienen que ver con Su regreso. Pero la Biblia enseña que ningún factor externo o manipulación humana puede provocar el regreso de Cristo y que ningún cálculo humano puede determinar Su tiempo. Jesús les enseña a Sus discípulos: «Pero de aquel día o de *aquella* hora nadie sabe, ni siquiera los ángeles en el cielo, ni el Hijo, sino *solo* el Padre» (Mr. 13:32). El tiempo de la venida de Cristo no puede ser conocido, pero lo que sí *se puede* saber es que ciertamente está llegando. Hasta entonces, esperamos.

Esperar implica que no tenemos el control. Solo el Rey construye el reino. Los ciudadanos del reino simplemente lo reciben. Mientras tanto nos toca orar y esperar. Como Timoteo le escribe a Tito: «Aguardando la esperanza bienaventurada y la manifestación de la gloria de nuestro gran Dios y Salvador Cristo Jesús» (Tit. 2:13).

Su aparición será repentina y definitiva, como un ladrón en la noche (1 Ts. 5:2-3). El término que las Escrituras usan con mayor frecuencia para describir esta apariencia es la palabra griega *apocalipsis* o su equivalente en español, «revelación». Ambas significan una revelación de algo oculto. Lo que no podemos ver ahora, lo veremos con claridad cuando Cristo traiga Su reino a este mundo. No estamos llamados a especular o a dogmatizar sobre Su regreso; estamos llamados a velar y a esperar.

Pablo le dice a la iglesia que dado que el regreso de Cristo será repentino, eso debe ayudarnos a vivir con sobriedad, santidad y misión (1 Ts. 5). En otras palabras, debemos vivir con el fin en la mente. Los cristianos saben hacia dónde se dirige toda la historia del mundo: hacia el regreso de Cristo. Nuestras vidas deben reflejar esta realidad. El inminente regreso de Cristo está destinado a comprometernos a todos a una vida santa y a la urgencia misional. Nuestro trabajo es vivir rectamente como extranjeros y peregrinos y proclamar las buenas nuevas hasta los confines de la tierra.

Nuestro consuelo en la resurrección

La doctrina del fin de los tiempos nos consuela porque nos dice que nuestras historias no terminan en la muerte, sino en la resurrección. Debido a la resurrección de Cristo, podemos participar en la resurrección con Él (Ro. 6:1-4). En la abundante misericordia de Dios, la resurrección de Cristo será un día nuestra resurrección. Su historia se convierte en nuestra historia, lo que significa que Su futuro es nuestro futuro. No podemos resucitarnos de entre los muertos, pero un día el Dios trino nos resucitará de entre los muertos.

La vida cristiana se vive hacia la resurrección. El profeta Isaías nos consuela diciéndonos que la muerte no tendrá la victoria final, pero Dios sí:

> «Él destruirá la muerte para siempre. El Señor Dios enjugará las lágrimas de todos los rostros, y quitará el oprobio de Su pueblo de sobre toda la tierra, Porque el Señor ha hablado. Y en aquel día se dirá: "Este es nuestro Dios a quien hemos esperado para que nos salvara. Este es el Señor a quien hemos esperado; regocijémonos y alegrémonos en su salvación"». (Is. 25:8-9)

La resurrección es el día que todos anhelamos. Pablo hace un comentario similar con respecto a la esperanza frente a la muerte al instruir a la iglesia de Corinto:

> «DEVORADA HA SIDO LA MUERTE en victoria. ¿DÓNDE ESTÁ, OH MUERTE, TU VICTORIA? ¿DÓNDE, OH SEPULCRO, TU AGUIJÓN?».
> El aguijón de la muerte es el pecado, y el poder del pecado es la ley; pero a Dios gracias, que nos da la victoria por medio de nuestro Señor Jesucristo. (1 Co. 15:54-57)

Aunque la muerte destructora fue una vez un manto funerario que cubría a todas las personas, la muerte misma será destruida. Los que están en Cristo cambiarán el manto de la muerte por el manto de la justicia. Un día Cristo tendrá todo el botín de la victoria que le pertenece. Nuestros cuerpos, como semillas en la tierra, un día darán el fruto de la resurrección (1 Co. 15).

Nuestra futura resurrección nos recuerda nuestra justificación: nuestros nombres están escritos en el libro de la vida. Nuestra futura resurrección alimenta nuestra santificación: el Espíritu que un día nos levantará de nuestras tumbas ya está obrando en nosotros. La doctrina de los últimos tiempos no solo se trata de nuestro consuelo en el futuro, sino de nuestro llamado en el presente. Hoy, ahora mismo, queremos que nuestras vidas, hogares, relaciones y comunidades estén marcadas por la esperanza futura que tenemos. Vivimos en el presente con la vista puesta en un futuro glorioso.

Nuestro consuelo en el juicio final

La doctrina del fin de los tiempos nos consuela porque nos anuncia que se hará justicia. Cuando Cristo regrese, ejecutará la justicia perfecta. Todo será restaurado. Puede parecer contradictorio hablar de consuelo y de juicio a la vez. Hablando del juicio de Dios, el autor de Hebreos reflexiona correctamente: «¡Horrenda cosa es caer en las manos del Dios vivo!» (He. 10:31). Incluso como aquellos que hemos sido unidos con Cristo, sabemos que no merecemos ser librados de la ira de Dios. Recordamos nuestros caminos pasados. No solo eso, sino que estamos familiarizados con la falta de justicia en la humanidad. En un mundo acosado por la parcialidad, balanzas relativas e injusticia generalizada, nuestra imaginación está cauterizada hasta el punto de que no podemos concebir la justicia perfecta. Pero eso es lo que hace que el juicio de Dios sea tan necesario. No hay balanzas relativas en el servicio de Cristo. Es una buena noticia saber que Él vendrá a ejecutar la justicia perfecta. Sus juicios son verdaderos y justos (Ap. 19:2). A diferencia de los jueces terrenales, a Él no le falta una pizca de evidencia, ni le falta una onza de sabiduría.

El juicio del gran trono blanco en Apocalipsis 20 se refiere al día en el que todos los muertos comparecerán ante el Señor para ser juzgados según lo que han hecho. Toda injusticia, iniquidad y maldad saldrá a la luz. Todas las personas serán juzgadas, creyentes e incrédulos, para recompensa eterna o castigo eterno. La idea de que todo lo que hemos hecho será expuesto públicamente es tan angustiante que algunos han argumentado que los creyentes no estarán presentes en el juicio final. Pero el autor de Hebreos cuenta este relato como buenas noticias:

> Y así como está decretado que los hombres mueran una *sola* vez, y después de esto, el juicio, así también Cristo, habiendo sido ofrecido una vez para llevar los pecados de muchos, aparecerá por segunda vez, sin *relación con* el pecado, para salvación de los que ansiosamente lo esperan. (He. 9:27-28)

Para quienes están en Cristo, el juicio es una buena noticia, ya que marca el inicio de la plenitud de nuestra salvación. No tenemos nada que temer en ese recuento, porque Cristo ha pagado la pena en su totalidad. Somos olvidadizos y nos auto justificamos por naturaleza. Nos esforzamos por arrepentirnos de nuestros pecados conocidos, pero piensa cuántos pecados desconocidos, olvidados o no reconocidos nunca llegaremos a confesar en esta vida. En todo caso, el recuento completo y público de nuestras ofensas completará nuestro gozo al mostrarnos por fin cuán alto, largo, ancho y profundo es el amor de Dios en Cristo por nosotros.

Cuando vivimos hacia este futuro, tomamos nuestro pecado en serio hoy y de igual manera tomamos la justicia en serio. Consideramos nuestra salvación como comprada con precio alto y en respuesta: «practicar la justicia, amar la misericordia, y andar humildemente» (Mi. 6:8) todos los días, aquí y ahora.

Nuestro consuelo en un reino eterno

¿Qué pasa después? La historia cristiana, desde el principio, se está moviendo hacia el final. Desde las primeras páginas de la Escritura, la escena estaba preparada. Se introdujo la tensión, el conflicto aumentó, la trama alcanzó su clímax y la historia avanzó inexorablemente hacia su escena final: el reino de Dios, final y definitivamente establecido en la tierra.

Juan escribe sobre este futuro y la escena final en su visión. Al ver descender a la nueva Jerusalén, dice: «Entonces oí una gran voz que decía desde el trono: "El tabernáculo de Dios está entre los hombres, y Él habitará entre ellos y ellos serán Su pueblo, y Dios mismo estará entre ellos. Él enjugará toda lágrima de sus ojos, y ya no habrá muerte, ni habrá más duelo, ni clamor, ni dolor, porque las primeras cosas han pasado"» (Ap. 21:3-4). Cristo el Rey viene a morar con nosotros para siempre.

Ten en cuenta que Dios no destruye Su creación y la empieza de nuevo. Dios no viene a quemar la tierra; Él viene a traer Su reino. Él viene a hacer todas las cosas nuevas. La esperanza del evangelio no es tan solo que escapemos de la tierra y vayamos al cielo cuando morimos. Aunque el estado intermedio es reconfortante, no es definitivo. El mensaje del evangelio no es la salvación como si fuera un escape, sino la salvación como restauración. Dios no va a destruir todas las cosas. Dios va a restaurar y resucitar todas las cosas. Nuestra esperanza futura no es solo espiritual, sino terrenal. Dios está trayendo el cielo a la tierra.

La escatología no se trata de destrucción, sino de restauración y Dios recibe toda la gloria.

¿El fin?

El final de la historia es Dios morando con la humanidad para siempre. Hasta ese día, regocíjate en la esperanza que tienes, porque Dios ha sido misericordioso con nosotros:

> [Él] nos ha hecho nacer de nuevo a una esperanza viva, mediante la resurrección de Jesucristo de entre los muertos, para *obtener* una herencia incorruptible, inmaculada, y que no se marchitará, reservada en los cielos para ustedes. Mediante la fe ustedes son protegidos por el poder de Dios, para la salvación que está preparada para ser revelada en el último tiempo. En lo cual ustedes se regocijan grandemente, aunque ahora, por un

> poco de tiempo si es necesario, sean afligidos con diversas pruebas, para que la prueba de la fe de ustedes, más preciosa que el oro que perece, aunque probado por fuego, sea hallada que resulta en alabanza, gloria y honor en la revelación de Jesucristo. (1 P. 1:3-7)

Nuestro entendimiento de la historia en la que vivimos, desde cómo empieza hasta cómo termina, le da forma a todos los aspectos de cómo vivimos. La historia cristiana nos da vidas llenas de significado, propósito, valor, contentamiento y gozo. Todos vivimos hacia el fin que creemos que viene. El regreso de Cristo es el final perfecto que hace que ayer, hoy y mañana importen más que cualquier otra historia.

Si la gran conclusión de nuestra historia es que Cristo regresa para morar con Su pueblo para siempre, ¿cuál debería ser la postura de Su pueblo hoy? La primera y última respuesta natural de los teólogos cristianos es simple:

> Venga tu reino
> Hágase tu voluntad
> Así en *la tierra* como en el cielo.

Los teólogos cristianos son aquellos que están empezando a aprender que nuestra mayor esperanza es el reino de Dios *aquí*. La voluntad de Dios *aquí*. Toda teología está ligada a la esperanza del Rey y Su reino y la buena noticia es que esa es *exactamente* la esperanza que Cristo está cumpliendo al volver.

La Biblia termina con esta hermosa promesa: «El que testifica de estas cosas dice: "Sí, vengo pronto"».

Y todos los teólogos cristianos responden: «Amén. Ven, Señor Jesús» (Ap. 22:20).

Las mejores historias tienen los mejores finales y la historia cristiana tiene el mejor final de todos. Porque el final de la Biblia es que el reino de Cristo nunca termina. Esperamos ansiosamente el regreso de Cristo, no solo porque amamos el reino, sino porque amamos al Rey.

Tú eres un teólogo

Reflexiona

1. Antes de leer este capítulo, ¿cómo resumías tus pensamientos sobre la escatología en una oración? Después de leer este capítulo, ¿cómo resumirías tus pensamientos en una oración?

2. Hemos afirmado que el estudio de la escatología tiene la intención de consolar al creyente. ¿Cuál de los temas discutidos (muerte corporal, el regreso de Cristo, la resurrección de entre los muertos, el juicio final o el reino eterno) te da más consuelo? ¿Por qué? ¿Cuál es el más difícil de ver como un aspecto reconfortante? ¿Por qué?

3. Al entender que la tierra será rehecha en lugar de destruida, ¿cómo impacta la forma en la que concebimos nuestra mayordomía sobre ella?

4. ¿Qué tan propenso eres a tener una postura evasiva del regreso de Cristo? ¿Cómo sabotea una mentalidad evasiva nuestra capacidad de perseverar en la prueba y trabajar duro como para el Señor en el aquí y el ahora?

5. ¿Cuál de todas los aspectos del final de la historia cristiana es el que más quieres recordar?

Ora

Concéntrate en orar por este día a la luz de nuestra esperanza futura. Medita en cada declaración de oración que verás a continuación, agregando formas específicas de personalizarla. Luego haz la oración en voz alta y agrega tus peticiones personales cuando ores.

Señor, que venga tu reino, que se haga tu voluntad en mis pensamientos.
Señor, que venga tu reino, que se haga tu voluntad en mis palabras.
Señor, que venga tu reino, que se haga tu voluntad en mis acciones.
Señor, venga tu reino, hágase tu voluntad en mi familia.

Señor, que venga tu reino, que se haga tu voluntad en mis amistades.

Señor, que venga tu reino, que se haga tu voluntad en mis pruebas.

Señor, que venga tu reino, que se haga tu voluntad en mi trabajo.

Señor, que venga tu reino, que se haga tu voluntad en mi tiempo libre.

Señor, que venga tu reino, que se haga tu voluntad en mi vecindario.

Señor, que venga tu reino, que se haga tu voluntad en mi «Jerusalén».

Señor, que venga tu reino, que se haga tu voluntad en mi «Judea».

Señor, que venga tu reino, que se haga tu voluntad «hasta los confines de la tierra».

Señor, que venga tu reino, que se haga tu voluntad en mi iglesia.

Señor, que venga tu reino, que se haga tu voluntad en tu iglesia.

Señor, que venga tu reino, que se haga tu voluntad en mis mañanas.

Señor, que venga tu reino, que se haga tu voluntad en las mañanas que no viviré para ver.

CONCLUSIÓN

Ahora que tenemos tu atención

Oh, ahí estás, pasando a esta última página, buscando cualquier detalle final. Si has llegado hasta aquí, te debemos un poco de honestidad.

Primero, este libro no te ha hecho un teólogo. ¡No se trata de que hayamos fallado en nuestra tarea, sino porque tú ya lo eras! Oramos para que este libro te ayude a crecer como teólogo cristiano, alguien que se deleita en todo lo que Dios es y todo lo que Él ha hecho. Oramos para que te haya presentado ideas que son nuevas y que te haya ayudado a consolidar ideas que tal vez no eran nuevas.

En segundo lugar, este libro no ha respondido a todas tus preguntas de manera profunda. Esta es la razón: un buen teólogo termina un libro como este con más preguntas y no con menos. Lo sabíamos al adentrarnos. ¿Lo sabías tú? Este libro no pretende ser el punto final para ti, sino un punto de partida. Sigue adelante. La teología es el trabajo de toda una vida y en todo caso es el trabajo por toda la eternidad. Lee tu Biblia, escucha sermones, lee las notas al pie de los teólogos confiables y sigue cada rastro que te dejan. Inicia conversaciones significativas con otros creyentes. Hazlo con humildad. Mantén la mente abierta. Esfuérzate por pensar críticamente sin ser crítico en espíritu. Tómate tu tiempo. Disfruta el viaje.

En tercer lugar, este libro no solo quiere cambiar la forma en la que piensas. Quiere viajar desde tu cabeza hasta tu corazón. Si bien esperamos que hayas aprendido sobre Dios y todo lo que Él ha hecho, no dejes de aprender. El discipulado empieza con el aprendizaje, pero trae como resultado el amor. Permítete sentir la importancia y la belleza de las verdades que has aprendido. Pídele al Espíritu que transforme tu pensamiento correcto en una adoración correcta. Así como todos nosotros somos teólogos, toda la vida está dedicada a la adoración. Los teólogos cristianos se propusieron la gozosa tarea de aprender a adorar a Dios como debemos hacerlo, de la mejor forma que podamos, haciendo el mejor uso del tiempo, con la ayuda del Espíritu Santo.

¿Qué se supone que debo hacer ahora?

Aquí hay algo que podemos garantizar que sucederá. Vas a empezar a darte cuenta de que la teología está en todas partes. Empezarás a verlo en conversaciones, canciones, películas, en el entretenimiento y en la literatura. Está en todas partes y siempre ha estado allí.

No, tu pastor no empezó a agregar teología a sus sermones ahora. Sí, esa letra de adoración siempre ha sido así. Sí, tu taza de café favorita siempre ha sacado ese versículo fuera de contexto.

Lo que no queremos que hagas es empezar a ser un teólogo arrogante, porque la arrogancia no tiene espacio en la teología. Mantente modesto. Mantente humilde. Sigue aprendiendo. La teología nos lleva a la humildad cristiana.

Dos de las mejores maneras de seguir aprendiendo teología con humildad son *leer* y *enseñar.* Primero, lee las Escrituras. La Biblia es la gran escuela de teología. Es donde toda teología empieza y termina. No descuides la naturaleza formativa de la comunión con Dios de manera regular a través de Su Palabra. Tal vez esto signifique que debas empezar un estudio bíblico en tu iglesia o unirte a uno que ya existe. Además, lee grandes libros. Lee a los teólogos del pasado y del presente, para obtener una mayor sabiduría de los cristianos que nos han precedido. Podemos aprender tanto de su perspectiva como de su insensatez.

Segundo, la mejor manera de aprender es tratar de articular para otros lo que Dios te está enseñando. Si solo lees este libro, no recordarás mucho de él el próximo año. Pero si tratas de hablar de ello con otros, retendrás mucho más. Cuando nos referimos a enseñar no queremos decir que necesitas tener una plataforma y un micrófono. Esto puede verse de miles de maneras diferentes. Puede ser un padre aprendiendo a articular los atributos de Dios para su hijo. Puede ser una mujer caminando con un vecino mientras conversan sobre la naturaleza de las Escrituras. Puede ser un adolescente conversando sobre la realidad del pecado con sus abuelos. La teología no solo está destinada a estar en nuestras mentes y corazones, sino también en nuestros labios. No puedes enseñar lo que no sabes, ¡así que trata de enseñarlo! Después de todo, la Gran Comisión es para todos.

Que Dios te acerque cada vez más a Él en la medida que buscas diariamente Su rostro y que tú mismo atraigas a la próxima generación de discípulos para que se conviertan en teólogos fieles, enseñándoles a observar todo lo que Él ha mandado.

Sobre los autores

Jen Wilkin es una maestra de Biblia de Dallas, Texas. Defensora de la alfabetización bíblica, ha organizado y dirigido estudios para mujeres en hogares, iglesias y contextos fuera de las iglesias. Es autora de múltiples estudios bíblicos y libros, incluyendo el éxito de ventas, *Mujer de la Palabra: Cómo estudiar la Biblia, con mente y corazón.* Puedes encontrarla en JenWilkin.net.

J. T. English, Doctor en fillosofía, se desempeña como pastor, profesor y es el autor de *Discipulado profundo: Cómo la iglesia puede hacer verdaderos discípulos de Jesús.* A J. T. le apasiona ver a Dios glorificado a través del discipulado en el contexto de la iglesia local.

También es cofundador de *Training the Church*, un ministerio enfocado en ayudar a las iglesias y líderes ministeriales a desarrollar un marco de discipulado sostenible para su contexto. También es coanfitrión de *Knowing Faith*, un pódcast que explora las creencias cristianas básicas. Recibió su Maestría en Teología Histórica del Seminario Teológico de Dallas y su Doctorado en Teología Sistemática del *Southern Seminary* (SBTS).

Agradecimientos

Nos gustaría agradecer a Erik Wolgemuth y Wolgemuth & Associates por su continuo apoyo y su guía. Haces que el mundo de la publicación sea posible para dos personas muy ocupadas.

Gracias a Devin Maddox, Mary Wiley, Erin Ivey, Stacey Sapp, Whitney Alexander, Ashley Gorman, Kim Stanford y a todo el equipo de B&H Publishing en Lifeway. Su paciencia y profesionalismo los distinguen. Creyeron en este proyecto y le sumaron sus prodigiosos dones. No podríamos pedir mejores socios ministeriales.

Estamos agradecidos a The Village Church por aceptar la tarea de recuperar el discipulado cristiano en la iglesia local. Creyeron que era posible y se comprometieron con la visión de hombres y mujeres que florecieron en ese espacio.

También estamos profundamente agradecidos por nuestro colega ministerial Kyle Worley. Nos ayudó a construir la educación teológica en la iglesia local y continúa siendo un firme defensor de la importancia de la conversación teológica que favorezca a todos en nuestro podcast, *Knowing Faith.*

Yo (J. T.) quisiera agradecer a mi esposa, Macy, por su constante fidelidad en seguir a Jesús a través de cada temporada. No podría haber emprendido este llamado ministerial sin ella. Ella es la mejor esposa, madre y teóloga que conozco porque sigue a Jesús dondequiera que Él la lleve. Mis hijos y yo siempre estaremos agradecidos porque nos ha reflejado a Cristo y ha sido de aliento en nuestras vidas. También estoy en deuda con Storyline Church y The Village Church. Ambas iglesias me dieron la oportunidad de liderar el ministerio con una postura teológica y mi oración es que ambas iglesias permanezcan fieles al evangelio de Jesucristo hasta que Él regrese. Finalmente, estoy profundamente agradecido a los maestros que más me han formado, el Dr. D. Jeffrey Bingham y el Dr. Gregg Allison porque ayudaron a despertar mi amor por la teología y la iglesia local. Han encarnado, para mí, lo que significa ser un teólogo. Gracias.

Yo (Jen) quisiera agradecer a mi esposo, Jeff, por regalarme ese libro de teología sistemática en febrero de 1999. En muchos sentidos, es la historia de nuestros treinta años juntos. Tú eres quien me dice que puedo hacerlo y luego me dices que debo y que necesito hacerlo. Después te paras a mi lado y me ayudas a hacerlo. El mundo nunca sabrá cuántos borradores me has escuchado leer en voz alta, cuántas enseñanzas me has escuchado, con mucha paciencia, razonar antes de que encuentren su forma. Pero siempre lo sabré. Tú eres mi favorito.

Notas

1. https://thestateoftheology.com

2. No podríamos pasar por alto al tercer miembro de nuestro equipo quien comparte con nosotros este punto de vista sobre el discipulado, nuestro hermano fiel Kyle Worley. Hemos trabajado junto a él para llevar lo que aprendimos en nuestra iglesia local a otras iglesias locales alrededor del mundo a través del ministerio *Training the Church* y el podcast *Knowing Faith*.

3. Jen Wilkin, *Mujer de la Palabra: Cómo estudiar la Biblia, con mente y corazón* (Wheaton, IL: Crossway, 2019), 31.

4. Jen Wilkin, *Nadie como Él: 10 maneras en que Dios es distinto a nosotros* (Wheaton, IL: Crossway, 2016).

5. Las definiciones fueron adaptadas de *Romanos 2: Un estudio inductivo profundo que te ayudará a entender la Palabra de Dios, traer sanidad a tu alma y darte dirección (Precepto sobre Precepto)* (Ministerios Precepto Internacional, 2007).

6. Juan Calvino, *Institución de la religión cristiana*, Libro 1, Capítulo 1, www.reformado.org/books/institutes/books/book1/bk1ch01.html.

7. J. I. Packer, et al., «Infalibilidad» *Nuevo diccionario de teología* (Downers Grove, IL: InterVarsity Press, 1988).

8. Jen Wilkin, *A Su imagen: 10 maneras en las que Dios nos llama a reflejar Su imagen* (Wheaton, IL: Crossway, 2018), 128.

9. Credo de Nicea, versión del siglo IV encontrada en https://www.fourthcentury.com/urkunde-24/.

10. Matthew Schmitz, «La Biblia tejana convierte el "tú" en "ustedes"», *First Things*, 3 de junio de 2013, https://www.firstthings.com/blogs/ firstthoughts/2013/06/texas-bible-converts-you-to-yall.

11. Alistair Begg, «Las cosas principales son las cosas simples», YouTube, https://www.youtube.com/watch?v=Rg5N1J5qk3A.